ro
ro
ro

Janne Mommsen hat in seinem früheren Leben als Krankenpfleger, Werftarbeiter und Traumschiffpianist gearbeitet. Inzwischen schreibt er überwiegend Romane und Theaterstücke. Mommsen hat in Nordfriesland gewohnt und kehrt immer wieder dorthin zurück, um sich der Urkraft der Gezeiten auszusetzen.

JANNE MOMMSEN

Die Bücherinsel

ROMAN

ROWOHLT
TASCHENBUCH VERLAG

2. Auflage Februar 2022
Veröffentlicht im Rowohlt Taschenbuch Verlag,
Hamburg, März 2020

Das Zitat auf Seite 62 stammt aus:
Janne Mommsen, «Die Insel tanzt», rororo 2016.
Das Zitat auf Seite 78 stammt aus:
Hendrik Berg, «Deichmörder», Goldmann 2014.
Covergestaltung HAUPTMANN & KOMPANIE
Werbeagentur, Zürich
Coverabbildung mauritius images / William Rolls / Alamy
Satz aus der Plantin, InDesign
bei CPI books GmbH, Leck
Druck und Bindung GGP Media GmbH, Pößneck, Germany
ISBN 978-3-499-27587-6

Die Bücherinsel

1.

Die Fähre vom Festland schob sich langsam durch das rötlich glitzernde Meer Richtung Insel. Sandra beugte sich über die weiß lackierte Reling auf dem Achterdeck, um sie sauber zu schrubben. Nach einer Weile richtete sie sich auf und streckte sich einmal lang aus. Hinter ihr versank der letzte Zipfel des riesigen Sonnenballs im Meer, sämtliche Fenster des Strandhotels im Fährhafen blitzten noch einmal hell auf, dann wurden sie dunkel. Im Osten war der tiefblaue Himmel längst bereit, die Nacht zu übernehmen. Sie fuhr mit dem Lappen über einen orangefarbenen Rettungsring und spann im Kopf die Geschichte weiter, die sie jeden Tag ein Stückchen vorantrieb. Das Putzen machte sich so fast nebenbei.

Das Sonnenrot und das Nachtblau mochten sich sehr, davon war sie überzeugt, auch wenn sie so gegensätzlich waren. Unter anderen Umständen wären sie bestimmt ein Paar geworden und zusammen um die Welt gezogen. Aber es sollte nicht sein. Es blieb ihnen nur diese knappe Stunde am Tag, um beieinander zu sein, bevor sie in unterschiedliche Richtungen getrieben wurden.

Der frühe Nachthimmel wirkte wie eine Samtdecke. Das war für Sandra die schönste Zeit des Tages. Es erfasste sie dann immer eine unstillbare Sehnsucht nach den unbekannten Orten, an die das Licht gerade weiterzog: Irgendwo im Westen war jetzt Sonnenaufgang. Wenn sich die Erde einmal weiterdrehte, würde die Nacht über dem Wattenmeer am Morgen dunkelgrau werden, dann langsam heller, bis der erste Sonnenstrahl alles in Farbe erscheinen ließ. Frühmorgens strahlte die ganze Insel dann so unverbraucht und zart wie sonst nie. Mit dem ersten Licht streckten die belaubten Bäume ihre Äste zu ihren jahrhundertealten Nachbarinnen und Nachbarn hin, um sie zu begrüßen. Die Bogenlampen an der Landstraße nickten dazu im Wind. Alle gehörten zueinander und bewegten sich nach einer geheimen Choreographie, die nur sie selbst kannten.

Sandra blickte auf die Nordsee, über der jetzt die ersten Sterne leuchteten. Sie zog ihr Diktiergerät aus der Jacke und hielt es vor den Mund. «Alle gehören zueinander …», hauchte sie den Satz, der ihr gerade durch den Kopf gegangen war, ins eingebaute Mikro.

«Lass alles stehen und liegen, Sandra!» Eine ruppige Männerstimme riss sie aus ihren Träumen. Sie drehte sich um. Hinnerk, der schlaksige Kellner der Fähre, eilte auf sie zu. Nach der Ruhe auf dem Achterdeck war das ein heftiger Wechsel.

«Was ist?», fragte sie immer noch leicht abwesend.

«Ich brauch deine Hilfe!», rief er. «Carla und Birte sind ausgefallen, ich bin alleine im Restaurant.»

«Oje», murmelte sie.

«Du musst einspringen.»

Einerseits tat ihr der Kollege leid, und sie wollte ihn

nicht hängenlassen. Andererseits konnte sie ihm doch gar nicht helfen!

«Wie das?»

«Weg mit den Arbeitsklamotten.»

«Soll ich in Unterwäsche servieren, oder was?»

«Sehr witzig. Hol deine normale Kleidung. Bitte.»

Wie kam sie da nur raus?

Für den Gastrobereich war sie wirklich nicht geschaffen. Wenn sie volle Tabletts durch die schmalen Gänge zwischen den Tischen balancierte, würde es einen Totalschaden nach dem anderen geben. Und wie bitte sehr sollte das Kassieren funktionieren? Darauf gab es nur eine Antwort: gar nicht!

«Bitte, Hinnerk, ich kann das nicht!»

Er ging gar nicht darauf ein, sondern zeigte ihr ein handyähnliches Gerät. «Du tippst die bestellten Getränke und Speisen einfach hier ein, dann geht das per Funk sofort in die Küche.»

Genau so was in der Art hatte sie befürchtet. «Vergiss es. Ich habe meine Brille vergessen, ich sehe nur Schatten.»

Hinnerk verzog das Gesicht. «Und wie bekommst du dann das Putzen hin?»

«Da krieche ich immer ganz nah ran.»

«Dann machst du das im Restaurant eben genauso.»

Sandra stemmte die Arme in die Hüften. «Ich kann den Gästen doch nicht so dicht auf die Pelle rücken, dass sich unsere Nasen berühren.»

«Wir haben keine Zeit, also los!»

Wie heißt das Zauberwort, Kollege? Sie hatte einfach nicht die Kraft, sich zu widersetzen. Mit einem mulmigen

Gefühl im Magen eilte sie in den stickigen, fensterlosen Umkleideraum unter Deck, zog sich die Arbeitsjacke und die grobe Hose aus. Dann schlüpfte sie in ihr türkisfarbenes Sommerkleid, das sie kürzlich in einer Edel-Boutique auf der Insel billig geschossen hatte. Blöderweise war ihre Steckfrisur mit den drei langen Holzstäbchen nicht fürs schnelle Umziehen gemacht, sie blieben mehrmals im Kleid hängen. Aber verzichtet hätte sie nie auf die Stäbe, schließlich waren sie ihr Markenzeichen. Beim Putzen nicht besonders praktisch, aber das war ihr egal.

Als sie fertig war, schaute sie nicht unzufrieden in den kleinen Spiegel im Spind. Ihre braun gebrannten Arme und Beine kamen in dem ärmellosen Kleid ganz gut zur Geltung. Wie eine Kellnerin wirkte sie allerdings nicht gerade. Sie sah eher aus, als ginge es zu einer Party in einem Golfclub. *Besser zu viel als wenig*, dachte sie.

Als sie ins Restaurant kam, steckte Hinnerk ihr eine Anstecknadel mit dem Emblem der Reederei ans Kleid. Ihn kümmerte es nicht, dass sie reichlich overdressed war, er nahm es anscheinend gar nicht wahr. «Komm jetzt bitte!», rief er mit angespannter Miene.

Sandra sah sich um und schluckte. Der Restaurantbereich des Schiffes war mit modernen Sitzecken ausgestattet, durch die Mitte des Raumes zog sich ein langer Tresen mit Barhockern auf beiden Seiten. Die letzte Fähre war immer besonders voll, sie wurde «der Lumpensammler» genannt, danach fuhr nichts mehr.

Sie hatte weit über hundert Gäste zu bedienen. Da sie mit dem Bongerät nicht zurechtkäme, würde sie sich eben sämtliche Bestellungen im Kopf merken müssen. Sie gab sich einen Ruck und steuerte den erstbesten Tisch an, irgendwo musste sie ja anfangen. Dort saßen zwei Insulaner, die sie kannte: der lange, dürre Hauke vom Edeka-Markt und der runde Kalle vom Bonbonladen, beide in ihrem Alter. Die würde sie sich gut merken können.

«Was kann ich für euch tun, Jungs?»

«Moin, Sandra! Kommst du nach Feierabend noch mit zum Autoscooter?» Hauke blickte sie auffordernd an.

Ausgerechnet, dachte sie. Der Autoscooter wäre für sie Maximalstrafe gewesen. Sandra warf einen Blick durchs Fenster. Über der Inselhauptstadt zuckten rote, blaue und gelbe Blitze durch die Dunkelheit. Heute begann der Hafen-Jahrmarkt: ein Albtraum!

«Ich verschwende mein Geld lieber anderswo», antwortete sie und beugte sich zu ihm. «Bierchen?»

Kalle nickte. «Und ’n Lütten dazu, für uns beide.»

«Geht klar.»

Sie eilte weiter. «Und was braucht ihr?», fragte sie schwungvoll in eine Runde mit drei Paaren, die an einem langen Tisch saßen. Das «Ihrzen» kam immer gut an, es wirkte auf die Feriengäste bodenständig und irgendwie insulanerisch.

Um die Übersicht zu behalten, baute Sandra sich Eselsbrücken. Eine war die Krimi-Schiene: An Tisch eins saßen die Gangster, am zweiten die Opfer, an Tisch drei die Zivilfahnder, am vierten die Staatsanwälte, am fünften die Richter, am sechsten die Zeugen, am siebten die Verteidiger. Was natürlich keiner von den Gästen je erfahren würde.

Auf der anderen Seite des Restaurants platzierte sie

Musiker: Saxophonisten, Pianisten, Drummer, Sänger, Manager, Groupies usw. So konnte sie Tischnummern und Bestellungen leichter zuordnen. Pommes mit Mayo für die Staatsanwälte, Tee und Kiba für die Pianisten, aber ohne Eis für die Verteidiger. Am Richtertisch nahm sie eine Tomatensuppe mit Tabasco, ein Krabbenbrötchen, Currywurst-Pommes mit Mayo, ein Käsebrot, zwei Matjes und ein Stück Käsekuchen auf, dazu kamen die Getränke. Und das im Kopf, mal siebzig weitere Bestellungen, immer mit der entsprechenden Tischnummer. Um keinen Verdacht zu erregen, nahm sie einen Kugelschreiber in die Hand und tat so, als machte sie sich auf einem Block Notizen.

Hinterm Tresen leierte sie Hinnerk die Bestellungen runter, praktisch ohne Luft zu holen. Im Auswendiglernen war sie eine Meisterin, das trainierte sie jeden Tag. Trotzdem blieb der ungewohnte Job im Schiffsrestaurant eine Herausforderung. Denn zum Bestellen kam ja noch das Jonglieren mit den Gläsern auf dem riesigen Tablett, und das bei leichtem Seegang! Wobei sie schnell feststellte, dass die leeren Gläser das höhere Risiko darstellten.

Erstaunlicherweise ging nichts schief, alle Gäste bekamen genau das, was sie bestellt hatten, inklusive Sonderwünsche. Bis auf den Richter mit dem Tabasco, der behauptete, er hätte Maggi-Soße geordert, was nicht stimmen konnte, weil sie Maggi gar nicht an Bord hatten. Aber auch ihm gegenüber blieb sie charmant und freundlich.

Zwischendurch packte sie auch noch in der Küche mit an, füllte Gläser mit Getränken, belegte Brötchen, schaute nach den Pommes. Hinnerk tippte ihre mündlichen Bestellungen ein und ging später rum, um abzukassieren.

Es war eigentlich nicht zu schaffen, aber irgendwie klappte es doch.

Als die Passagiere im Inselhafen von Bord gingen, waren Hinnerk und sie schweißüberströmt – und mächtig stolz. Das Trinkgeld war auch nicht zu verachten, Hinnerk teilte es mit ihr.

«Super gemacht, Sandra», lobte er. «Willst du nicht für immer in den Service wechseln?»

«Nee, danke.»

«Bei uns kriegst du mehr als beim Putzen.»

Sie hob abwehrend die Hände. «Ich bleibe lieber da, wo ich bin.»

«Das soll mal einer verstehen.»

Sandra zuckte mit den Achseln. Sie hatte ihre Gründe, aber die gingen ihn wirklich nichts an.

«Komm, zur Feier des Tages nehmen wir noch einen Absacker im Hofbräu-Zelt», schlug er vor.

Sie auf dem Jahrmarkt? – Undenkbar!

«Danke, ich bin total kaputt.»

«Aber einer geht immer.»

«Heute nicht. Dir einen schönen Feierabend.»

Er würde im Zelt genug Kumpel treffen, mit denen er feiern konnte. Für viele Insulaner war der Jahrmarkt die fünfte Jahreszeit, einige nahmen sich sogar extra Urlaub, um jeden Tag dabei zu sein.

Vor den reetgedeckten Fischerhäusern im Hafen flackerten die Bonbonfarben der Fahrgeschäfte, beschallt von den wummernden Bässen aus den Lautsprechern. Jedes Fahrgeschäft spielte etwas anderes, was zusammengenommen einen irrsinnigen Lärm ergab. Sogar in ihrer Wohnung, die ein paar Kilometer entfernt lag, war er noch zu hören.

Nicht einmal unter Androhung von Gewalt hätte man Sandra in die Fahrgeschäfte zerren können. Der Jahrmarkt fühlte sich für sie an wie eine Belagerung. Was sehr persönliche Gründe hatte, von denen niemand auf der Insel etwas ahnte. Und das sollte bitte auch so bleiben.

2.

Sandra lebte in einer reetgedeckten Acht-Zimmer-Villa direkt hinterm Südstrand. Die Außenwände waren weiß, große Fenster zeigten zum Meer. Der perfekt gestutzte Rasen des Gartens ging über in einen feinkörnigen Strand, dahinter breitete sich bis zum Horizont die Nordsee aus. Über das Wasser spannte sich ein riesiger Himmel, der jeden Tag vom Wetter neu beschrieben wurde. Schöner konnte man auf dieser Welt nicht wohnen.

Okay, das Anwesen gehörte nicht ihr, sie hatte nur eine kleine Einliegerwohnung im Souterrain der Villa gemietet. In der sie sich aber derartig wohl fühlte, dass sie nie wieder von dort wegziehen wollte. Besitzer des Hauses war Meinhard Gerke, ein Buchverleger aus Hamburg. Ihre Miete war gering, weil sie auf das Haus aufpasste, wenn Herr Gerke nicht da war, und es regelmäßig putzte.

Als Sandra am nächsten Morgen gegen acht in ihrem kleinen Zimmer aufwachte, war alles gelb gefärbt: Der winzige Schreibtisch mit den Bilderbüchern, die beiden Stühle, die Couch, die Tür nach hinten, das Bild vom Wattenmeer, das sie selbst gemalt hatte, der Teppich. Die Wände hatte sie mit bunten Tüchern dekoriert. Das Bad mit Dusche entsprach von der Größe her dem eines

Campingmobils, weiter hinten gab es noch eine winzige Küche samt Herd mit zwei Kochplatten. Das Wichtigste in der Wohnung war jedoch ihre Hörbuchsammlung mit Hunderten CDs. Kurz: Hier hatte alles Platz, was sie zum Leben brauchte.

Genüsslich machte sie sich unter der körperwarmen Decke lang und blickte zum Fenster: Wenn die Gardinen so leuchteten wie gerade, erwartete sie draußen ein praller Sonnentag. Sie würde auf einen sattgrünen Rasen sehen, der am Strand endete. Dahinter würde das Meer unter einem azurblauen Himmel mit Schönwetterwolken schillern.

Sie stand auf und zog den Vorhang beiseite. Es sah sogar noch schöner aus als erwartet. Das Rasengrün war kräftiger, das Leuchten des Himmels und des Meeres noch intensiver. Die Farbe des Strandes wechselte in der Sonne je nach Jahres- und Tageszeit, meistens von Gelb bis Ocker, heute war er fast weiß. Links vor ihr lag eine unbewohnte Insel, über der unzählige Vögel kreisten.

Sandra zog ihren karminroten Badeanzug an und huschte durch die Terrassentür nach draußen. Der Garten hinter der Villa war penibel gepflegt, die Grashalme standen exakt auf einer Höhe, sie sahen aus, als kämen sie frisch vom Friseur. Der Rasen fühlte sich weich unter ihren Füßen an, der Strand, den sie kurze Zeit später erreichte, war bereits von der Morgensonne aufgewärmt. Gerade lief die Flut auf. Das tägliche Bad in der Nordsee gehörte von Mai bis Ende September zu ihrem festen Morgenritual, und das bei jedem Wetter. Einen Moment lang blieb sie an der Wasserkante stehen und atmete tief ein. Die Mischung aus

Meersalz und frischer Luft ließ sie richtig wach werden. Schritt für Schritt trat sie ins Wasser. Als sie bis zu den Hüften drin war, stürzte sie sich kopfüber hinein.

Im ersten Moment durchfuhr sie ein kalter Schauer, der sich vom Rücken bis zu den Unterschenkeln zog. So schnell wie möglich kraulte sie hinaus, drehte sich auf den Rücken und schaufelte mit den Beinen Wasser nach oben. Die durchsichtigen Tropfen, die um sie herum spritzten, glitzerten in der Sonne wie Edelsteine.

Jetzt war ihr warm, und sie ließ sich mit geschlossenen Augen auf dem Rücken treiben. In diesem Moment fühlte sie sich eher wie ein Fisch als wie ein Mensch.

Als sie wieder am Strand war, schüttelte sie sich das Wasser aus den Haaren und eilte zum Haus zurück. Auf der Terrasse saß bereits ihr Vermieter an seinem riesigen Mahagonitisch unter der Markise und frühstückte. Der Mann mit dem kahl rasierten Schädel war Mitte sechzig und trug wie fast immer eine helle Hose und ein weißes Hemd mit dunkelgrünem Seide-Einstecktuch. Seine nackten Füße steckte er am liebsten in Slipper aus Schlangenlederimitat, auch im Winter. Beim Lesen setzte er eine große schwarze Brille auf, über die er heute ein paar altmodische Sonnenclips gesteckt hatte. Sandra wusste immer noch nicht so recht, wie sie seinen Look finden sollte: Einerseits war er sehr eitel und hielt sich für mindestens zwanzig Jahre jünger, als er war. Andererseits tat er einiges für sein Aussehen und ließ sich nicht hängen, das gefiel ihr.

«Moin, Frau Malien!», grüßte Gerke.

«Moin.» Sie ging weiter zu ihrer Wohnung.

«Hätten Sie vielleicht einen Moment?»

Sie stutzte. Sonst begegneten sie sich freundlich, hatten aber nie viel zu reden. Sie hatte vor zwei Tagen, als Gerke in Hamburg war, das Haus durchgeputzt. Es war alles in Ordnung. Was wollte er jetzt Dringendes von ihr?

«Ich ziehe mich eben um und komme dann», rief sie.

In ihrem Zimmer schloss sie die Vorhänge, duschte sich kurz ab und zog sich ein luftiges Strandkleid an. Mit nassen Haaren ging sie wieder raus und setzte sich zu Gerke an den Tisch.

«Herrlich heute, nicht wahr?», sagte sie.

«Allerdings», bestätigte er. «Wollen Sie einen Tee?»

Er war leidenschaftlicher Teetrinker. Es hätte sie nicht gewundert, wenn er in seinem Leben noch nie eine Tasse Kaffee probiert hätte.

«Gerne.»

Er beugte sich vor. «Folgendes: Wir bekommen hohen Besuch aus den USA. Stellen Sie sich vor, Jonathan Brown höchstpersönlich beehrt mich in meiner bescheidenen Hütte.»

«Bescheidene Hütte» war eine nette Untertreibung für seine Zweihundert-Quadratmeter-Villa. Sandra sah ihn unbeeindruckt an.

«Sagen Sie jetzt nicht, Sie wissen nicht, wer Jonathan Brown ist!», rief er.

«Nein», gab sie zu.

«Er ist einer der berühmtesten Schriftsteller unserer Zeit. Ein Weltautor! Und ich habe es geschafft, dass seine deutschen Übersetzungen alle in meinem Verlag erscheinen.»

Wenn dieser Brown tatsächlich eine derart große Nummer war, hätten ihn bestimmt auch andere Verleger gerne genommen. Der harmlos wirkende Gerke war vielleicht gerissener, als sie dachte.

Er nahm einen Schluck Tee, bevor er weiterredete. «Brown will seinen neuen Roman hier in meinem Haus schreiben. Und natürlich werde ich ihm zu Ehren eine große Party geben, mit Presse und allem Pipapo. Sogar amerikanische Journalisten werden seinetwegen auf die Insel kommen.»

«Also großer Viehauftrieb.»

«Kann man so sagen.»

«Herzlichen Glückwunsch.»

Gerke warf einen melancholischen Blick in Richtung Himmel. «Nur hat Brown leider eine leichte bis mittelschwere Macke. Er lebt in Maine an einem wilden Naturstrand. Im Grunde seines Herzens verachtet er die Zivilisation.»

«Er hat dort kein fließend Wasser und keine Dusche?»

«So schlimm nun auch wieder nicht. Ich denke, auch er duscht warm.»

«Dann bin ich ja beruhigt.»

«Aber nun schauen Sie sich mal unseren Rasen an!»

«Sämtliche Halme sind wie immer exakt auf eine Länge getrimmt. Was ist das Problem?», sagte sie trocken.

«Nun ja, vielleicht könnten wir den Garten irgendwie wilder gestalten, sodass sich Brown wohl fühlt. Der reist sonst womöglich wieder ab, weil ihm der Rasen zu steril ist.»

«Wann will er denn kommen?»

«In vierzehn Tagen.»

«Oha.» Sandra überlegte. «Selbst wenn Sie den Rasen bis dahin nicht mähen, wird er nicht so schnell verwildern.»

Gerke kratzte sich am Kinn. «Wir können nur auf eine Sturmflut hoffen, die alles überspült.»

«Das passiert im Sommer alle hundert Jahre.»

«Leider.» Dann leuchteten seine Augen plötzlich auf. «Deswegen muss ich der Natur etwas nachhelfen.»

Sandra zog skeptisch die linke Augenbraue hoch. «Sie lassen die Flut drei Meter höher als normal steigen, damit hier alles unter Wasser steht? – Respekt, dafür müssen Sie Beziehungen nach ganz oben haben.»

«Schön wär's. Nein, ich dachte, wir verteilen Büschel mit Seegras auf dem Rasen, legen eine große Boje drauf, die sich scheinbar losgerissen hat, dazu kommt etwas Plastikmüll, der die Verschmutzung des Meeres belegt. Das wird ihm gefallen. Vielleicht sollte man mit einem Bagger zusätzlich ein paar Kuhlen ausheben.»

Was für eine absurde Idee. Dieser Brown musste ein ganz Großer sein, wenn Gerke ihm zuliebe seinen geliebten Garten zu verunstalten bereit war.

Der Verleger lehnte sich zurück. «Wenn Brown seinen neuen Roman hier schreibt, wird mein Haus ein unvergesslicher Ort der Literaturgeschichte werden.»

Ah, darum ging es also: Unsterblichkeit.

«Gratulation.»

«Könnten Sie das mit dem Garten organisieren?»

«Aber dafür ist doch Eike zuständig, oder?» Eike Hansen, der Gärtner, pflegte den Garten wie seinen eigenen.

Gerke verzog das Gesicht. «Er würde mich töten, wenn ich ihn darum bitte. Herr Hansen hat diesen Garten über

Jahrzehnte gehegt und gepflegt – nein. Sie sind die Einzige, die das bei ihm hinbekommen kann. Bitte, Frau Malien, lassen Sie mich nicht im Stich.»

«Ihr Plan ist absolut verrückt.»

«Nein, *dieser Autor* ist verrückt. Aber er ist auch genial.»

«Also gut, ich versuche es.»

«Tausend Dank.»

Irgendwie war sie es ihm schuldig. Außerdem konnte man nie wissen. Vielleicht würde später in den Geschichtsbüchern stehen, dass die literarisch komplett unbedeutende Putzfrau Sandra Malien durch ihre bloße Überredungskunst den größten Roman aller Zeiten ermöglicht hatte.

Sandra hatte noch drei Stunden Zeit, bis sie wieder zur Arbeit auf die Fähre musste. Sie zog sich ihren neuen gelben Bikini an, darüber ein weißes T-Shirt und eine kurze dunkelblaue Hose, dann setzte sie sich ein weißes Basecap und Sonnenbrille auf. In ihre Tasche im Fahrradkorb kamen eine Flasche Sonnenöl, ein Handtuch und ein Fünf-Euro-Schein. Mehr brauchte sie heute nicht, ihre Arbeitsklamotten befanden sich auf der Fähre im Umkleideraum.

Sie radelte durch die Inselhauptstadt, die einwohnermäßig eher ein großes Dorf war. Ursprünglich waren die winzigen Häuser überwiegend von Fischern bewohnt und mussten eher die Winterstürme überstehen, als dass sie als Hingucker fürs Auge gedacht waren. Nur die Walfänger hatten mit ihrem vielen Geld prächtige Villen bauen lassen. Als der Walfang Anfang des neunzehnten Jahrhunderts ein Ende hatte, kamen die ersten Touristen, allen voran der dänische König, auf die Insel, und man baute die Hauptstadt zum Seebad aus. Bis heute fand man hier beides: schöne, alte Pensionen und Fischerhäuser in engen Gassen, die man mit vielen Blumen aufhübschte.

Als Sandra durch die Altstadt fuhr, musste sie an Gerkes Garten denken und kicherte in sich hinein. Wie kam man bloß auf eine solche Idee? Aber der große Verleger wollte halt noch bekannter werden, und dafür war ihm anscheinend jedes Opfer recht. Ohne sich besonders anzustrengen, gondelte sie durch das Wohnviertel mit den friesischen Straßennamen, Strunwai, Braseekrempswai und Süderstigh. Bald kam «Wiebkes Modestübchen» in Sicht, wo sie Stammkundin war. Sandra überlegte, ob sie kurz reinschauen sollte, aber das Wetter war einfach zu gut, um jetzt einen Laden zu betreten.

Sie radelte die Promenade hinunter, die Strände waren rappelvoll. In der Schach-Ecke mit den überdimensional großen Figuren spielten ein paar Rentner, die jüngeren Feriengäste tobten sich auf dem Beachvolleyballfeld aus, aber die meisten Urlauber genossen es einfach, faul in ihrem Strandkorb zu liegen und sich zu sonnen.

Seit fünf Jahren lebte Sandra nun auf der Insel, seit sie den Putzjob auf der Fähre angenommen hatte. Zuerst hatte sie in einer kleinen Pension gewohnt, bis sie an Bord der Fähre zufällig mit Gerke ins Gespräch gekommen war, der ihr prompt seine Einliegerwohnung für eine geringe Miete anbot, wenn sie dafür bei ihm putzte.

Auf der Insel war sie zur Ruhe gekommen, und das war ihr unendlich viel wert. Zugegeben, sonst war in den letzten fünf Jahren nichts Spektakuläres passiert, von ihrem Liebesleben mal ganz zu schweigen, das fand schlicht und einfach nicht statt. Einige Interessenten hatte es zwar gegeben, auch Hinnerk von der Fähre hatte es versucht. Aber sie ließ nichts zu. Dann wäre nämlich früher oder später aufgeflogen, weswegen sie hier war, und das wollte sie auf jeden Fall verhindern. Aber konnte es ewig so weitergehen? Putzen – schwimmen – schlafen, putzen – schwimmen – schlafen. Sie musste realistisch bleiben, viele Möglichkeiten blieben ihr nicht, ihr Spielraum war eng.

Die Flut lief weiter auf. Sie stellte ihr Fahrrad vor der kleinen Inselbuchhandlung ab und streifte ihre Flip-Flops ab. Dann ging sie mit dem Handtuch unterm Arm über den Strand und zog sich Hose und T-Shirt aus. Vom Radfahren war ihr ganz warm geworden. Den Fünf-Euro-Schein legte sie unter ihr Handtuch, ohne dass sie sich Sorgen machte, dass er wegkam. Das war bisher noch nie passiert. Voller Euphorie sprang sie ins Wasser. Es war schon das zweite Bad an diesem Tag, wie herrlich! Sie lebte wirklich im Paradies.

Mit schnellen Zügen kraulte sie hinüber zur Sandbank, die ungefähr fünfzig Meter entfernt lag. Dort stellte sie sich auf den feuchten Sand. Die Sonne brutzelte auf sie herab, dazu wehte eine leichte Brise. Hier war sie ganz alleine und vollständig von Wasser umgeben. Sie holte tief Luft und schrie, so laut sie konnte, das Lied «Zombie» von den Cranberries Richtung Himmel. Sie liebte diesen Song, obwohl sie kein Wort verstand, sie konnte ja kein Englisch. Für sie waren das nur Laute, aber sie gefielen ihr: «Zombiee-iee-iee!»

Danach blieb sie noch eine Weile im Sand stehen und blickte hinüber zur Vogelinsel. Rechts lag der offene Ozean, verbunden mit der ganzen restlichen Erde. Über ihr kreisten zwei Austernfischer mit orangefarbenen Schnäbeln und stießen fröhliche Schreie aus.

Irgendwann schwamm sie zurück zum Strand. Dort trocknete sie sich ab, steckte den Schein ein und ging zu ihrem Fahrrad. Bei Greta, der Inhaberin der kleinen Inselbuchhandlung, hatte Sandra auch schon öfter mal geputzt, außerdem hatte sie damals bei der Eröffnung des Ladens Getränke ausgeschenkt. Der Wintergarten mit den neuen Büchern lag um diese Tageszeit voll im Sonnenlicht, weiter hinten im Haus befand sich das Antiquariat mit zigtausend alten Büchern.

Gerade wollte sie ihr Fahrrad Richtung Altstadt schieben, als sie ein Ruck durchfuhr. Tim, der Chef des Autoscooters vom Jahrmarkt, kam direkt auf sie zu, in Gummischlappen, kurzer Hose und mit verspiegelter Sonnenbrille. Er war braun gebrannt und trug seine blonden Haare etwas länger als beim letzten Mal.

Sandra hatte ihren Cousin lange nicht gesehen, ein paar Jahre waren es bestimmt. Sie hatte nichts gegen ihn, er war nett. Trotzdem wollte sie ihn jetzt nicht treffen. Sie musste verschwinden, bevor er sie erkannte.

3.

Die Tür zum Wintergarten der kleinen Inselbuchhandlung stand offen, Sandra huschte hinein. Neben der Kasse übten Buchhändlerin Greta und ihr Freund Florian gerade ein paar Tangoschritte, ohne Musik. Ihre Körper wirkten wie verschmolzen, sie waren ein schönes Paar. Und schienen immer noch verliebt wie am ersten Tag.

Florian und Greta kannten sich seit etwa einem Jahr. Er war vorher Pilot bei der Lufthansa gewesen, nun versorgte er die Inseln mit seinem kleinen Wasserflugzeug als Kurier. Das Haus hatte früher einmal Gretas Tante Hille gehört, sie hatte es ihrer Nichte überlassen, damit diese eine Buchhandlung in den Räumen eröffnen konnte. Neuerdings wohnte Tante Hille mitten in der Marsch. Zurzeit machte sie mit ihrer Freundin Karen eine Traumreise durch Patagonien.

«Moin, Sandra», grüßte Greta lächelnd und löste sich von Florian.

«Wie geht es dir?», fragte Florian, wie immer braun gebrannt. Sein Job als Inselflieger ließ ihm genug Zeit zum Surfen.

«Danke, mir geht's gut», sagte Sandra.

«Kann ich was für dich tun?», erkundigte sich Greta.

«Nee, ich guck nur mal.»

Gerade wollte sie sich dem ersten Bücherregal zuwenden, da entdeckte sie erneut ihren Cousin. Über die Promenade kam er auf die Buchhandlung zu. Musste der denn überall auftauchen, wo sie war? Ihm würde doch wohl nicht in den Sinn kommen, hier reinzukommen und ein Buch zu kaufen? Sie überlegte kurz, ob er ein Büchermensch gewesen war. Doch, eine Zeitlang hatte er Massen an Fantasy und Krimis verschlungen, aber das war lange her.

Tim blieb kurz vorm Wintergarten stehen und wandte sich dann Richtung Eingangstür. So schnell sie konnte, lief sie nach hinten ins Antiquariat, genannt «der Büchertempel». Falls Tim hereinkäme, würden ihr die hohen Regale Deckung bieten. Zum Glück konnte er nicht ahnen, dass sie hier war, das war ihr Vorteil. Barfuß schlich sie über die Orientteppiche, die sich weich unter den Fußsohlen anfühlten. Vom Putzen kannte sie jeden Meter hier. Tante Hille und ihr Vater hatten im Lauf von Jahrzehnten eine unglaubliche Menge an Büchern angesammelt. Die Wälzer dämpften sämtliche Geräusche, sie fühlte sich beschützt. Von Anfang an war der Büchertempel ein magischer Ort für Sandra gewesen. Irgendeine besondere Energie ging von den Bänden in den schattigen Räumen aus, und das hatte bis heute nicht nachgelassen.

Sie hielt kurz inne. Weiter hinten im Raum hörte sie einen Mann mit einer wunderschönen sonoren Stimme sprechen. Sie kam aus der Sitzecke mit den wuchtigen Ledersesseln, die vor den beiden großen Bullaugenfenstern standen.

Sandra schlich sich näher heran. Nun konnte sie ihn genauer verstehen. Anscheinend las er gerade etwas vor.

Ein lauter Knall unterbrach den Pastor und ließ die Gemeinde zusammenfahren. Alle drehten sich erschrocken um: Der Wind hatte die Tür aufgeschlagen. Sofort brauste der Sturm wie ein unheimlicher Gast in die Kirche und blies einen Großteil der Kerzen auf dem Altar aus …

Sandra lehnte den Kopf gegen die Längsstreben eines Regals, schloss die Augen und hörte zu. In dem Text, den der Mann vorlas, gab es beeindruckende Naturbeschreibungen. Sie sah alles plastisch vor sich, die Kirche in Nordfriesland, die mystische Atmosphäre im Orkan. Auch von dem unbekannten Vorleser hatte sie ein klares Bild, ein sportlicher Mann mit lebhaften Augen, dichtem Haar und schlanken Handgelenken.

Irgendwann öffnete sie die Augen wieder und schaute sich um, aber es war niemand zu sehen. Aus der Sitzecke meldeten sich jetzt andere Stimmen zu Wort. Sandra erkannte Polizistin Ellen, deren Freund Jan, den Krabbenfischer, sowie Andrea aus Dr. Sörensens Arztpraxis.

Es gab kaum etwas, was Sandra mehr liebte als Geschichten. Sie hörte sie ausschließlich auf CDs. Das lag vor allem daran, dass es die günstig auf dem Flohmarkt gab, als Putzfrau verdiente sie eben keine Millionen. Oft ging sie mit ihrem Discman ins Watt und hörte sich «Vom Winde verweht» an. Die meisten Hörbuchsprecher waren echte Könner und zogen sie mit Haut und Haaren in ihre Geschichte hinein. Von Krimi bis Frauenroman hörte sie alles, was ihr in die Finger kam. Das Buch, aus dem der Mann eben vorgelesen hatte, kannte sie allerdings nicht, wahrscheinlich war es noch nicht als Hörbuch erschienen.

Jetzt diskutierten die Teilnehmer über die Atmosphäre in der Kirche und den Pastor in der Geschichte. Sandra hatte nach dem, was sie gehört hatte, allerdings den Eindruck, dass sie etwas Wichtiges übersahen. Sie schaute sich noch einmal um, ob Tim in der Nähe war, dann bog sie um die Regalecke.

In den Ledersesseln unter den Bullaugenfenstern saßen, wie erwartet, Polizistin Ellen in Jeans und weißer Bluse, Krabbenfischer Jan in Latzhose und Andrea im Frottékleid, neben ihnen ein unbekannter Mann in schwarzer Jeans und T-Shirt. Meistens lagen Stimme und Aussehen ja weit voneinander entfernt. Dieser Mann jedoch sah fast genauso aus, wie sie ihn sich vorgestellt hatte. Er war in ihrem Alter, in seinem braunen Haar blitzten ein paar graue Strähnen auf, seine blauen Augen leuchteten, er hatte eine sportliche Figur. Irgendwo auf der Insel hatte sie ihn schon einmal gesehen, aber sie konnte sich nicht erinnern, wo.

Neben ihm saß eine Frau, die ihr noch nie begegnet war. Sie hatte sich eine große Sonnenbrille ins blonde Haar gesteckt und war mit Sicherheit ein Feriengast: teuer gekleidet, Hose, Bluse und Schuhe waren modisch auf dem allerneusten Stand. Alles durchaus geschmackvoll, aber für die Insel etwas overdressed.

«Moin», grüßte Sandra leise in die Runde.

Alle Augen richteten sich neugierig auf sie.

«Moin, Sandra», rief Ellen. «Wo kommst du denn her?»

«Ich habe nur ein bisschen im Laden gestöbert.» Was sollte sie sonst auch sagen?

«Willst du vielleicht bei uns mitmachen?»

«Wobei denn genau?»

«Wir lesen uns gegenseitig Bücher vor und sprechen darüber.»

«Klingt gut.» Sie setzte sich auf einen freien Klappstuhl, denn zurück in den Wintergarten wollte sie jetzt auf keinen Fall. Sie wusste ja nicht, ob Tim wirklich weg war.

«Ich habe eben etwas zugehört.»

«Und was sagst du?», erkundigte sich Jan.

Sandra hatte noch nie mit jemandem über die Geschichten geredet, die sie im Lauf der Jahre gehört hatte, es geisterten Tausende in ihrem Kopf herum. «Also, meiner Meinung nach ist die eigentliche Hauptfigur in diesem Buch die Landschaft. Es gab sie, bevor alle Menschen da waren, und es wird sie noch geben, wenn sie gestorben sind. Deswegen ist sie ungeheuer wichtig. Und das will der Autor zum Ausdruck bringen.»

«Interessanter Gedanke», bemerkte der unbekannte Mann. Sandra schaute ihn genauer an. Er setzte sich jetzt eine Brille auf, die ihm sehr gut stand. Dann blickte sie auf die unbekannte Blonde neben ihm, die aber nicht zu ihm gehörte, das spürte sie. Sandra fiel auf, dass sie außergewöhnlich große, braune Augen hatte. Sie konnte wirklich noch nicht lange auf der Insel sein, denn sie sah so blass aus wie alle Feriengäste, die gerade frisch vom Büro an die Nordsee gekommen waren.

«Was ist das für ein Roman?», fragte Sandra.

«‹Deichmörder› von Hendrik Berg, ein friesischer Krimi», antwortete die Frau. «Du liest viel, oder?»

Sandra nestelte an ihren Stäben im Haar herum: Meinte sie das ironisch? Hatte sie etwas Falsches gesagt? Ihr wurde ganz heiß.

«Wieso?», murmelte sie.

«Es hört sich so an.»

«Na ja, ich lese gerne, aber ‹viel› ist übertrieben.»

Die Frau reichte das Buch an Sandra weiter. «Magst du vielleicht weiterlesen?»

Sandra schluckte. «Sorry, ich habe meine Brille nicht dabei.»

«Kein Problem, dann mache ich einfach weiter», erklärte der Mann. «Ich bin übrigens Björn.»

«Sandra.»

«Und ich heiße Franziska», sagte die blasse Schicki-Frau.

Björns Stimme war tief, er las so genussvoll, dass sofort Bilder in ihrem Kopf entstanden – Bilder, die weit über die Geschichte hinausgingen. Sie sah sich mit Björn im Wohnzimmer, er legte ein paar Holzscheite im Kamin nach, dann setzte er sich neben sie auf die Couch und nahm sie in den Arm.

Was für ein Quatsch! Sandra befahl diesem kitschigen Gedanken, sich augenblicklich aus ihrem Kopf zurückzuziehen – ab auf die Fähre und zurück aufs Festland! Zusätzlich sicherte Ellen im Polizeiwagen den Kai und kontrollierte, dass er nicht wiederkam. Manchmal klappte so etwas. Aber in diesem Moment konnte sie ihre Phantasie einfach nicht stoppen, sie träumte weiter. Und warum auch nicht, es erfuhr ja keiner.

Jetzt übernahm Ellen das Buch. Sonst trat sie immer sehr entschieden auf, man kannte von ihr barsche Ansagen wie: «Hier können Sie nicht parken!» Oder: «Runter vom Rad, das ist ein Gehweg!» Aber jetzt, beim Vorlesen, war sie ganz zart und leise.

Als Nächstes war ihr Freund Jan an der Reihe. Der Krabbenfischer las in seinem friesisch gefärbten Slang, was einen natürlichen, herben Charme besaß, der perfekt zu der Geschichte im Wattenmeer passte.

Arzthelferin Andrea hauchte den nächsten Abschnitt, als sei er eine Liebeserklärung. Im Gegensatz zu ihr ging es Franziska sachlich an: In diesem Tonfall hätte sie Nachrichten im Radio verkünden können.

Thema im anschließenden Gespräch wurden dann tatsächlich die Naturbeschreibungen in dem Buch, die alle sehr beeindruckend fanden. Ellen erinnerte an den Winter auf der Insel, wenn die Strände leer waren, das Meer laut brüllte und man nach langen Spaziergängen im Sturm die Wärme im Haus genoss. Das konnte Sandra gut nachvollziehen, wenngleich der Winter noch weit weg war. Ihre Wohnung wurde ihr in der kalten Jahreszeit manchmal zu klein, dann verzog sie sich nach oben in die Villa, weil Gerke in dieser Jahreszeit selten da war. Sie warf den Kamin an und schaute stundenlang ins Feuer, worauf sie sich jetzt schon ein bisschen freute. Das war anders als der Sommer, hatte aber auch was.

«Den Sommer können die meisten Autoren nicht so gut beschreiben», fand Sandra.

«Wie meinst du das?», fragte Franziska.

«Weil der Sommer etwas Eintöniges hat. Im Herbst und

Winter aber weißt du nie, wie das Wetter wird. Sonne? Regen? Nebel? Schnee? Da kannst du aus der Kälte in die Wärme kommen und umgekehrt. So ein Wetter finde ich in Büchern immer spannend.»

«Sommer ist aber auch schön», fand Andrea.

«Ja, aber es ist viel schwieriger, einen Hochsommertag mit blauem Himmel zu beschreiben. Denn da passiert mit dem Wetter nicht viel, ich meine so, dass es die Leser echt packt.»

«Gutes Wetter ist öde?», fragte Björn lächelnd. Sein Blick traf Sandras.

«Nur im Roman», antwortete sie und lächelte zurück. «Und das auch nur, wenn er nicht auf unserer Insel spielt. Hier sorgt der Wind auch im Sommer jede Minute für Veränderung.»

«Denke ich auch.»

«Was wollen wir nächstes Mal lesen?», fragte Ellen in die Runde.

«Horror!», schlug Andrea vor und strahlte. «Ich habe hier einen Roman, der auf einer Insel in Schottland spielt. Bei Ebbe kommen Menschenfresser übers Watt. Die verschlingen erst die Haustiere, aber von denen werden sie nicht satt, und deswegen machen sie sich dann als Nächstes an die …»

«Mann, Andrea», stöhnte Ellen. «Wer denkt sich bloß so was Krankes aus?»

Auch die anderen sahen Andrea entsetzt an. Die verstand gar nicht, wo das Problem lag. «Deine Krimis sind mindestens genauso grausam, Ellen!», gab sie zu bedenken. «In der Gerichtsmedizin zum Beispiel …»

«Jaja, aber das ist etwas ganz anderes.»

Andrea zog eine Kladde heraus. «Sehe ich das richtig? Horror ist abgelehnt? Bei einer heftigen Gegenstimme von mir?»

Alle nickten. Andrea schrieb etwas in das Heft.

«Notierst du das etwa?», fragte Sandra erstaunt.

Andrea setzte ein ernstes Gesicht auf. «Ich mache hier die Protokollführerin.»

Die *was*?

«Andrea wollte schon immer mal irgendwo Protokoll schreiben», erklärte Ellen und zwinkerte Sandra unmerklich zu. «Also macht sie es jetzt bei uns im Lesekreis.»

«Sonst noch jemand einen Vorschlag?», fragte Ellen.

«Wie wäre es mit dem guten alten ‹Schimmelreiter› von Storm?», fragte Björn.

«Den lieben wir Friesen natürlich besonders», meinte Andrea. «Aber ich kenne ihn fast auswendig.»

«Wenn man ihn nach Jahren mal wieder liest, entdeckt man immer noch etwas Neues», versprach Björn. «Außerdem habe ich die Geschichte noch nie mit euren Stimmen gehört.»

«Also doch Horror!», sagte Andrea und blickte in die Runde.

«Wieso?»

«Im ‹Schimmelreiter› soll doch etwas Lebendiges in den Deich, oder?»

«Wir sollten uns eine andere Hausaufgabe stellen», schlug Ellen vor.

«Was könnte das sein?», fragte Björn.

«Jeder bereitet einen Absatz aus seinem Lieblingsbuch vor und trägt ihn den anderen vor.»

Damit waren alle einverstanden.

Arzthelferin Andrea sah auf ihre Armbanduhr: «Oha, ich muss dringend in die Praxis.»

Man erhob sich und ging gemeinsam zurück in den Wintergarten, der von der Mittagssonne hell erleuchtet war. Das Tageslicht tat nach dem schattigen Antiquariat richtig weh in den Augen.

«Wieso trefft ihr euch bei diesem schönen Wetter eigentlich nicht am Strand?», fragte Sandra.

«Weil der Büchertempel ein heiliger Ort ist», antwortete Ellen. «Außerdem ziehen wir die Bücher, die wir lesen, manchmal direkt aus dem Regal.»

«Kommst du wieder?», fragte Björn.

Sandra drehte sich um.

«Du bist eine echte Bereicherung für uns», sagte er.

War das ein Kompliment?

«Äh, danke», stotterte sie. «Ich schaue mal.»

«Kommt jemand noch mit zu Elke?», fragte Franziska in die Runde.

In Elkes Eiskiosk in der Altstadt gab es das beste Eis der Welt.

«Keine Zeit», murmelten die anderen.

«Ich!», rief Sandra. Eis war immer eine gute Idee.

Als die anderen vor ihr den Wintergarten verließen, kam Greta hinter dem Kassentisch hervor und nahm Sandra kurz beiseite. «Bist du dir sicher mit dem Lesekreis?», raunte sie ihr zu und schaute ihr tief in die Augen.

«Wieso?» Sandra fühlte sich wie ein Ladendieb, den man auf frischer Tat ertappt hatte.

«Ich meine ja nur.»

Ihr schlug das Herz bis zum Hals. «Aber du hältst die Klappe, ja? Du hast es geschworen!»

Greta nickte. «Und daran halte ich mich auch.»

Sandra sah die Buchhändlerin zerknirscht an. Sie hatte ja recht: Sie konnte nicht lesen und nicht schreiben, was sollte sie in einem Lesekreis?

4.

Sandra und Franziska schlenderten auf der Promenade Richtung «Eis-Elke». Der Strand war wieder voll, Bälle flogen durch die Luft, einige Urlauber ließen Drachen steigen. In den Cafés herrschte Hochbetrieb, und im Wasser konnte man die Köpfe der unzähligen Schwimmer kaum von den Bojen unterscheiden. Sandra hatte das Gefühl, dass sie über sie hinweg zu Fuß übers Wasser laufen könnte.

«Du machst hier Urlaub?», erkundigte sie sich bei Franziska.

«Ach, das ist eine lange Geschichte.»

Was sollte das denn heißen? Man wusste doch, ob man Ferien hatte oder nicht!

«Und du bist Insulanerin?», fragte Franziska.

«Seit fünf Jahren.» Sie empfand Stolz, als sie das sagte.

«Es ist bestimmt toll, hier zu leben, oder?»

«Kann man so sagen.»

«Das ist hier schon was anderes. In Hamburg wohne ich mitten in der Stadt», seufzte Franziska.

«Was machst du da?»

«Werbetexterin. – Und du?»

«Och, dit und dat, ich schlage mich so durch.»

Sandra fand es in Ordnung, dass sie hauptberuflich

putzte, aber sie hatte gerade keine Lust, darüber zu reden. Besonders aufregend war es ja wirklich nicht. Was eine Werbetexterin machte, konnte sie sich überhaupt nicht vorstellen. Die dachte sich vielleicht morgens einen Spruch aus – aber was tat sie den Rest des Tages? Oder war das nur etwas für geringfügig Beschäftigte?

Was für ein Tag, dachte sie. Erst wollte Gerke, dass sie half, seinen Garten zu vernichten, dann tauchte ihr Cousin auf, wodurch sie in einen Lesekreis geriet, anschließend zog sie mit einer Werbetexterin durch die Gegend. Ausgerechnet sie!

Es war ja nicht so, dass Sandra überhaupt nicht lesen konnte, die einzelnen Buchstaben sagten ihr schon was. Aber es dauerte ewig, bis sie sie zu einem Wort verbunden hatte. Und bis diese Wörter einen Satz ergaben und die Sätze dann zu einer ganzen Seite wurden, verging eine Ewigkeit. Meistens gab sie vorher auf. Buchstaben verursachten bei ihr ein Frustgefühl, sie mied Schilder und Texte, wo sie nur konnte. Ihre Unterschrift hatte sie drauf, ansonsten kam sie mit Tricks und Notlügen einigermaßen durch. «Brille vergessen» war einer ihrer Standardsprüche. Bei ihren seltenen Restaurantbesuchen orderte sie oft das, was jemand vor ihr bestellt hatte – egal, was es war. Auch Wegbeschreibungen waren für sie ein Hindernis. Deshalb blieb sie am liebsten an einem Ort, an dem sie sich gut auskannte. Die übersichtliche Insel hatte die perfekte Größe, Sandra verbrachte sogar ihren Urlaub hier. Reisen unternahm sie vor allem im Kopf.

Elkes Eisladen hatte die Form eines riesigen Fliegenpilzes mit einem roten Dach, die weißen Punkte wurden abends von innen beleuchtet. Der Kiosk stand am Ende der Promenade, er war quasi das Tor zur Altstadt. Franziska und Sandra bestellten je zwei Kugeln Eis mit Sahne und Früchten: Sandra nahm den Klassiker Vanille und Erdbeer, Franziska Stracciatella und Walnuss. Mit ihren Bechern setzten sie sich auf die kleine Mauer zum Strand. Sandra schaute auf die Uhr. In einer Stunde musste sie zum Putzen auf die Fähre.

«Den Lesekreis finde ich sehr spannend», stellte Franziska fest.

«Ich auch.»

«Hast du schon einen Text im Kopf, den du nächstes Mal vorliest?»

«Ja», behauptete Sandra.

Unsinn, Sandra, was erzählst du da? Wie soll das gehen?, dachte sie.

«Und was?»

«Verrate ich noch nicht.»

Es machte ihr einfach Spaß, so zu tun, als ob es wahr sein könnte. Allein Greta aus der Buchhandlung und deren Tante Hille wussten von ihrem Problem, sie hatten aber ein Schweigegelübde abgelegt.

«Ich bin gespannt.»

Natürlich hätte sie gerne weiter mit den anderen über Geschichten diskutiert. Aber wie sollte sie im Lesekreis jemals etwas vorlesen? Sie konnte ja nicht immer behaupten, dass sie ihre Brille vergessen hatte. Nein, es war klar: Der Lesekreis war für sie beendet, bevor er richtig begonnen hatte.

«Wo genau wohnst du hier?», erkundigte sich Franziska.

«Direkt hinterm Südstrand.»

«Nicht schlecht, das ist auf der Insel die schönste Gegend. Und ziemlich nobel, oder?»

Sandra winkte ab. «Ich habe da nur ein winziges Zimmer.»

«Aber der Strand ist direkt vor deiner Tür. Das hätte ich auch gerne.»

«Wie lange bleibst du denn?», fragte Sandra. Immerhin nahm Franziska am Lesekreis teil, was vermuten ließ, dass sie nicht in absehbarer Zeit zurückfahren wollte.

«Bis ich weiß, wohin die Reise für mich geht.»

Geldsorgen schien sie nicht zu haben, oder wovon lebte sie in dieser Zeit?

«Und wie bist du ausgerechnet auf unsere Insel gekommen?»

Franziska zögerte. «Das hat einen ganz speziellen Grund ...» Sie lächelte verlegen. «In Hamburg habe ich Gerüchte gehört, dass Jonathan Brown den Sommer hier verbringen will. Ich habe alle seine Bücher gelesen und will ihn auf jeden Fall kennenlernen.»

Moment mal. War Brown nicht der amerikanische Schriftsteller, für den sie den Garten von Gerke verwüsten sollte?

«Ah ja.»

«Findest du ihn auch so toll?», fragte Franziska.

«Ich kenne ihn nur vom Hörensagen», erklärte Sandra vage, was nach dem Gespräch mit ihrem Vermieter nicht einmal gelogen war.

«Du hast ernsthaft noch nichts von Jonathan Brown gelesen? Nicht mal ‹Die Landung der Terranauten›?»

«Nee.»

Gab es das als Hörbuch? Wenn nicht, würde sie es nie kennenlernen.

Franziskas Blick bekam jetzt etwas Schwärmerisches. «Ich weiß, dass Brown und ich Seelenverwandte sind. Er beschreibt in seinen Romanen Gefühle, die ich ganz genau kenne.»

«Wow.»

Franziska blieb todernst. «Ich glaube, es gibt eine Explosion, wenn wir aufeinandertreffen.»

Sandra hielt das für reichlich überspannt. War Franziska am Ende vielleicht eine Stalkerin? Ein fanatischer Fan, der dem armen Brown nachstellen würde? Sollte sie Gerke und Polizistin Ellen vorsorglich Bescheid geben?

Franziska nahm etwas Sand und ließ ihn durch ihre Finger rieseln. «Das ist aber noch nicht alles …»

Du bist auch in Brown verliebt? Oder was kommt jetzt noch?

«Kannst du ein Geheimnis für dich behalten? Es weiß wirklich kaum jemand, und schon gar nicht im Lesekreis.»

Also verliebt.

«Klar.»

«Weißt du, ich habe mir eine Auszeit von meinem Agenturjob genommen, weil ich einen Traum habe. Den habe ich schon mein Leben lang. Irgendwann muss er einfach wahr werden, und das ist – genau jetzt!»

«Klingt gut.» Sandra überlegte: Hatte sie auch einen solchen Traum? Eigentlich nur den, niemals aufzufliegen und als doof dazustehen.

«Ich will endlich meinen ersten eigenen Roman fertig

schreiben. Ich hoffe, Brown wird mir dazu wertvolle Tipps geben. Er ist mein Meister.»

Beinahe hätte Sandra laut gelacht: Franziska war eine angehende Autorin? Sie konnte natürlich nicht ahnen, wem sie das gerade erzählte.

«Schreibst du auch?», fragte Franziska.

«Wie kommst du darauf?»

«Na, wer in einen Lesekreis geht …»

Sandra zögerte einen Moment, dann beschloss sie, sich zu outen. «Okay, ich gebe es zu: Ich schreibe tatsächlich auch. Aber nur heimlich und nur für mich.»

Es stimmte ja, an ihrer Geschichte bastelte sie nun schon seit Wochen. Den Text konnte sie zwar nicht aufschreiben, wohl aber in das Diktiergerät sprechen, das ihr Hinnerk von der Fähre besorgt hatte. Somit konnte sie einen Satz an den anderen fügen und sich das Ganze immer wieder anhören. Natürlich war das Lichtjahre davon entfernt, wie echte Autoren arbeiteten, aber anders ging es eben nicht. Franziska hingegen war Werbetexterin, kam aus der Großstadt und durchlebte vielleicht gerade eine kleine Sinnkrise. Und weil es so schön in das romantische Bild einer Schriftstellerin passte, hatte sie sich die Insel als Ort für ihre schöpferische Pause ausgesucht. Vermutlich hatte sie in Hamburg schon einen Verlag an der Hand, der ihr Buch veröffentlichen würde.

So weit würde Sandra nie kommen. Eine echte Autorin zu werden, lag für sie in einem anderen Sonnensystem, und das war auch nicht schlimm. Ihrer Geschichte hatte sie den Titel «Farben der Insel» gegeben, sie war ohnehin nur für sie selbst gedacht. Die Hauptfiguren waren die Insel selbst, das Licht, der Wind, das Meer, der Himmel, die Bäume und das Gras der Marsch. Es tat ihr gut, etwas über sie zu erzählen, es ließ sie noch enger mit der Insel und dem Meer in Verbindung treten. Manchmal machten die Landschaft und das Licht um sie herum sie so euphorisch, dass es sich fast wie Verliebtsein anfühlte, und diesem Gefühl musste sie dann sofort Ausdruck verleihen. Was andere davon hielten, war ihr überhaupt nicht wichtig.

Franziska und sie quatschten noch ein bisschen über Mode und das Wetter, und Franziska erzählte von ein paar Filmen, die im Inselkino nie gezeigt worden waren. Irgendwann musste Sandra sich verabschieden, um rechtzeitig auf der Fähre zu sein. Dort würde sie weiter an ihrer Geschichte arbeiten, darauf freute sie sich schon.

5.

Am nächsten Morgen stand Sandra mit einem dampfenden Becher Kaffee am Strand. Seit zwei Stunden hatten sie ablaufendes Wasser. Der Himmel war bedeckt, die Sicht aufs Meer heute trübe.

Nachdem sie ausgetrunken hatte, stieg sie wie immer bis zur Hüfte ins Meer und warf sich dann kopfüber hinein. Beim Kraulen konnte sie der Versuchung nicht widerstehen, mit dem Ebbstrom hinauszugleiten, sie fühlte sich dabei ganz leicht und kam schnell voran. Natürlich wusste sie, dass sie aufpassen musste. Man schwamm bei Ebbe ohne jeden Widerstand hinaus, aber der Rückweg gegen den starken Strom konnte zu einem echten Problem werden. Sie drehte rechtzeitig um und kämpfte sich Zug um Zug zurück.

Als sie aus dem Wasser stieg, war sie außer Atem. Jeder Rest von Morgenmüdigkeit hatte sich aufgelöst. Der zweite Kaffee wartete bereits in der Maschine auf sie. Sie füllte ihn um in ihre kleine Thermoskanne, die sie zusammen mit einem Teller, Besteck, Toast, Butter und Marmelade auf ihr Tablett stellte, um damit an den Strand zurückzugehen. Inzwischen konnte man erahnen, dass die Sonne bald durch die Wolkendecke brechen würde. Es war windstill, die Meeresoberfläche sah aus wie glänzendes Silber. So schön das alles war, ihre Stimmung rutschte trotzdem in den Keller. Wie gerne hätte sie im Lesekreis mitgemacht. Aber das war ausgeschlossen …

Sie war froh, als ihr Handy klingelte und sie aus ihren düsteren Gedanken gerissen wurde.

«Moin, Frau Malien.» Es war Gerke, der seit gestern wieder in Hamburg war.

«Moin.»

«Ich habe eine kurze Frage …»

«Ja?»

«Waren Sie zufällig schon bei Herrn Hansen wegen des Gartens?»

«Noch nicht.»

«Brown hat sich heute gemeldet, er will wirklich auf die Insel kommen. Es eilt also.»

«Gut, dann fahre ich gleich hin.»

«Ich wäre Ihnen so was von dankbar.»

«Gerne.»

«Schönen Tag noch.»

«Ihnen auch.»

Zwanzig Minuten später fuhr sie mit dem Rad durch die tellerflache Marsch. Das Schilf in den Gräben auf beiden Seiten des Weges raschelte laut und fröhlich, dazu schien die Sonne vom wolkenlosen Himmel herab. Einige Windböen verspielten sich in der Weite, tänzelten die Dünen hoch, nahmen dort etwas Sand auf, wirbelten ihn in die Höhe und ließen ihn anschließend auf die Wiesen herunterrieseln.

Mal schob der Wind sie sanft von hinten voran, dann drehte er plötzlich und kam von der Seite oder im ungünstigsten Fall von vorne. Die einzige schattige Stelle in der Marsch war die kleine Allee in der Nähe der Mühle. Hier schuf die Sonne zusammen mit dem Wind wilde Lichtspiele im Blättertunnel, die in ständiger Bewegung waren.

Am Rand des Dünengebietes passierte Sandra das Haus der alten Antje. Es war umgeben von Büschen und Bäumen, die fast bis zum Schornstein reichten. Im Garten wuchsen bunte Blumen, es sah herrlich verwildert aus. In der reetgedeckten Scheune daneben befand sich das Gedächtnis der Insel: Antjes Museum, das vollgepfropft war mit alten Fotos und Gegenständen aus vergangenen Zeiten. Sie hatte alles mühsam selber zusammengesammelt.

Bald kam Sandra an Eikes Hof an. Er wohnte in einem uralten Reetdachhaus mit großer Scheune, in der Traktoren und andere Geräte standen – was ein Landschaftsgärtner halt so brauchte.

Neben der Scheune parkte ein riesiger Radlader, dessen wuchtige Reifen so hoch waren wie Sandra. Auf dem Gelände gab es zwei große Gewächshäuser, vor denen die beiden Zwergesel Adam und Eva auf einer großen Wiese grasten. Die Blumen hinter den Scheiben schillerten von rot über blau bis lila, es war eine Vielfalt an Farben, die es so nirgends auf der Insel gab.

Dahinter begannen ausgedehnte Felder, auf denen in langen Bahnen Bäume jeglicher Größe aufgereiht waren. Die Stämme hier in der Marsch gerade hochzuziehen war nicht einfach, weil der Westwind sie ständig Richtung Osten drückte. Eike musste die Setzlinge mit festen Pfählen sichern. Aber er hatte durchaus auch Kunden für schiefe Bäume, die der Wind verformt hatte. Auf so eine absurde Idee kamen natürlich nur Leute vom Festland.

Jetzt rannte Eikes schöner brauner Jagdhund Sandra schwanzwedelnd entgegen.

«Moin, Hansen», grüßte sie ihn und streichelte sein weiches Fell.

Eike hatte dem Tier seinen eigenen Namen gegeben, weil er das irgendwie lustig gefunden hatte. Nun kam auch er aus der Scheune und guckte, wer gekommen war. Der drahtige Mittfünfziger mit der großen Knollennase trug wie immer eine grüne Latzhose und darüber eine Arbeitsjacke. In den Taschen seiner Kleidung steckten eine Heckenschere, eine kleine Harke und vieles andere mehr. In der Hand hielt Eike eine Schaufel.

«Moin, Sandra», knurrte er. Sein abweisender Tonfall war nicht böse gemeint, das hatte sie im Lauf der Jahre gelernt.

«Moin, Eike.»

«Ich weiß schon, weswegen du hier bist.»

«Echt?»

Eine Windbö fuhr durch seine grauen Haare, was er gar nicht wahrzunehmen schien. «Sag Gerke, ich kümmere mich morgen um den Rasen.»

«Wie kommst du darauf?»

«Ich weiß selber, dass ich zwei Tage drüber bin.»

Offenbar ging er davon aus, dass es um das Übliche ging.

«Nee, das ist es nicht», sagte sie.

«Ah, lass mich raten: Gerke will Geld sparen und nur

alle vierzehn Tage mähen lassen? Das kann er vergessen! Wenn es so aussehen soll, wie es das tut, muss das jede Woche gemacht werden.»

Sandra räusperte sich und blickte auf die Baumreihen. Was sie ihm mitzuteilen hatte, würde nicht leicht für ihn werden. «Nein, es soll überhaupt nicht mehr gemäht werden.»

«Schöner Witz.» Eike lachte aus vollem Hals.

«Ist wahr!»

«Ey, Gerke würde am liebsten jede Baumkrone eckig schneiden lassen.»

«Du übertreibst.»

Er stützte sich auf seine Schaufel. «Im Ernst, das musste ich ihm mühsam ausreden! Pervers, oder? Die Natur soll doch nicht aussehen wie Geometriefiguren im Matheheft.»

«Was Gerke haben will, geht genau in deine Richtung», begann sie vorsichtig.

«Wie jetzt?»

«Na, weg vom Matheheft.»

Eine kleine Wolke huschte vor die Sonne und zog dann weiter.

«Sehr gut! Aber der Rasen muss trotzdem alle paar Tage geschnitten werden.»

«Nee.»

«Was willst du von mir?» Langsam wurde er grantig.

Sandra holte tief Luft. «Mit deinem Radlader räumst du doch immer Seegras und Treibgut vom Strand.»

«Ach, will er das? Am Strand vor seinem Garten? Von wegen Umwelt, oder was?»

«Nee, eher wegen Kunst und Literatur, würde ich sagen.»

«Häh?»

Jetzt musste die Wahrheit auf den Tisch. «Das Seegras soll weg vom Strand gebracht und dann auf den Rasen gekippt werden.»

«Darf es dazu noch ein bisschen Plastikmüll aus der Nordsee sein?»

«Genau das.»

Jetzt senkte Eike die Stimme. «Du kannst ehrlich zu mir sein, Sandra, es hört ja keiner außer uns beiden: Nimmt Gerke Drogen? Oder säuft er?»

«Wieso?»

«Ich habe so was mal in der Zeitung gelesen. Da hat einer seinen eigenen Mercedes mit 'nem Vorschlaghammer zertrümmert, weil er vom Arzt tablettenmäßig falsch eingestellt war. Der Sachschaden ging an die hunderttausend netto. Musste am Ende übrigens der Arzt bezahlen.»

«Gerke gibt dir sogar was extra dafür.»

«Was denkt der von mir? Ich bin gelernter Landschaftsgärtner mit Meisterbrief!»

«Mann, Eike, die Sache ist so: Da kommt so 'n weltberühmter Schriftsteller aus Amiland, ein ganz wichtiger Mann. Und der steht auf Chaos. Es soll so aussehen, als wenn der Garten überschwemmt worden ist.»

Ein paar Sekunden schwieg Eike. Dann explodierte er: «Das ganze Jahr fahre ich das Treibgut aus Gärten ab, die von der Flut überschwemmt worden sind. Und jetzt soll ich das wieder zurückbringen? Das ist plemplem, zu so was gebe ich mich nicht her!»

«Ist ja nur für kurze Zeit. Wenn der Typ weg ist, fährst du es wieder ab.»

Eike schaute an ihr vorbei in die Ferne. «Mit den Amis wird das nie was, wenn die so weitermachen.»

«Ich weiß, es ist schwer für dich. Du kriegst fünfhundert extra, bar auf die Kralle, ohne Rechnung.»

Das war mit Gerke zwar nicht so abgesprochen, aber es war das einzige Argument, mit dem sie Eike rumkriegen konnte. Doch der zierte sich immer noch.

«Ich denk drüber nach.»

«Geht es vielleicht morgen um acht?»

«Hast du nicht gehört? Ich überleg's mir.» Er spielte mit dem Schaufelstiel in seiner Hand.

«Na gut, denn tschüs.»

«Tschüs.»

Sandra war klar, dass Eike dieser Kamikaze-Aktion nicht sofort zustimmen konnte, das musste erst einmal bei ihm sacken. Aber fünfhundert ohne Rechnung würde er sich nicht entgehen lassen, so gut kannte sie ihn.

Gerke würde allerdings zusätzlich zum Geld einen Preis zahlen müssen, der ihm vermutlich gar nicht bewusst war: Wenn Eike nach dieser Aktion noch mal irgendetwas in seinem Garten gestalten sollte, das in Richtung englischer Garten ging, würde er Gerke nicht mehr ernst nehmen.

Sie setzte sich auf ihr Rad. Ihre Mission im Dienst der Weltliteratur war erfüllt, jetzt ging es zum Hafen, wo die Arbeit auf sie wartete. Auch wenn das Gespräch mit Eike am Ende ein Erfolg gewesen war, kam keine Freude bei ihr auf.

Als sie auf dem Achterdeck der Fähre zu putzen begann, dachte sie wieder an den Lesekreis. Die Teilnehmer waren ihr alle sehr sympathisch gewesen. Gut, Franziska war vielleicht etwas überkandidelt, aber sehr lebendig und freundlich. Und Björn war ohne Frage ein attraktiver Mann. Daran durfte sie gar nicht denken.

Sie hätte endlich mal die Gelegenheit gehabt, mit anderen über all die Romane zu reden, die sie auf CD gehört hatte. Im Lauf der Jahre hatte sich eine Menge Fragen, Ideen und Gedanken angestaut. Stattdessen schwamm sie endlos weiter in ihrem eigenen Saft.

Sie schaute aufs Meer, das in der Nachmittagssonne eine ganz eigene satt-glitzernde Farbe annahm. Wie aus dem Nichts kam ihr eine Idee, wie das mit dem Vortrag im nächsten Lesekreis doch noch funktionieren konnte. Es war allerdings hochriskant. Wenn sie aufflog, war sie auf der Insel für alle Zeiten erledigt. Sollte sie das wirklich wagen?

Das war in Sekundenbruchteilen entschieden: Es gab nur diesen Weg, und sie würde ihn nehmen!

6.

Zum ersten Mal in ihrem Leben betrat Sandra ein Optikergeschäft, es war das von Hark Nellissen in der Altstadt. Wenn man die Ladentür öffnete, klingelte eine Glocke. Das war so altmodisch, dass sie es schon wieder gut fand. Der hutzelige Inhaber kam ihr aus einem unsichtbaren Backstagebereich entgegen. Nellie, wie ihn alle nannten, trug selbst eine Nickelbrille, wie sie seit Ewigkeiten nicht mehr angesagt war.

«Moin, Sandra», grüßte er.

«Moin, Nellie.»

«Alles klar bei dir?»

«Jo, bei dir auch?»

Er nickte. «Bis auf das Wetter, aber daran können wir beide ja nichts ändern.»

«Wieso? Wir haben doch Sonne satt.»

«Für mich ist das schon zu viel des Guten.»

«Sag was, und ich kümmere mich drum», scherzte sie.

«Du hast das Wetter in der Hand?»

«Jupp.»

«Wie kommt's?»

Sie zuckte mit den Achseln. «Gute Beziehungen.»

«Okay, dann hätte ich's gern ein bisschen kühler.»

«Gebe ich weiter.»

«Kann ich denn auch was für dich tun?»

«Ich brauche eine Brille.»

«Hast du deine Werte parat? Sonst würde ich deine Augen erst mal testen.»

Um Gottes willen, bloß kein Test, da würden Buchstaben oder gar Wörter abgefragt, die sie sowieso nicht lesen konnte. Davon abgesehen war es unnötig, sie hatte Augen wie ein Adler.

«Nee, ich habe nix, ich will die Brille nur so zum Spaß, mit ungeschliffenen Gläsern, ist mal was anderes.»

Nellie nickte. «Von wegen Mode?»

«Genau.»

«Die Farbe vielleicht passend zu deinen Haarstäben?»

Nellie ließ sie einige Gestelle ausprobieren, randlos, mit dicker Fassung, eckig, oval, rot, schwarz, silbern. Sie blickte neugierig bis befremdet in den Spiegel, jedes Mal sah ihr Gesicht anders aus: klug, lebenslustig, bieder, verspielt, seriös, neutral. Es war unglaublich, wie man mit einer Brille sein Aussehen verändern konnte.

Welcher Mensch wollte sie gerne sein? Die kühle Geschäftsfrau? Die nette Nachbarin? Die strenge Domina? Am Ende entschied sie sich für klug und sexy: Ein Nerd-Gestell mit schwarzem Rahmen signalisierte Distanz und betonte gleichzeitig ihre Augen. Das sollte es werden.

Mit der Brille auf der Nase spazierte sie zurück auf die Straße, wo die Nachmittagssonne noch mal alles gab. Es wehte kein Lüftchen. Sie nahm die Stäbe aus dem Haar, zog ein Gummi aus ihrer Tasche und schob die offenen

Haare zu einem Pferdeschwanz zurück. Das Hafenfest war bereits in vollem Gange, der Geruch von Süßwaren und Pommes zog ihr in die Nase. Die grell bemalten Fahrgeschäfte kreischten, laute Musik dröhnte aus den Boxen. Tims Autoscooter stand mittendrin, wie ein Mahnmal. Sie wollte ihm immer noch nicht über den Weg laufen und machte daher einen großen Bogen um den Jahrmarkt.

Als sie verstohlen ihr Gesicht in einer Schaufensterscheibe betrachtete, stellte sie amüsiert fest: Mit Brille und Pferdeschwanz sah sie wirklich aus wie ein anderer Mensch. Schnell setzte sie die Brille wieder ab und steckte sie ein. Sie brauchte sie erst später, für den Lesekreis, denn dort war sie ein wichtiges Accessoire für ihren Plan: Sie hatte den anderen ja weisgemacht, dass sie wegen ihrer fehlenden Sehhilfe kein Wort erkennen konnte. Das bedeutete, dass sie beim nächsten Mal, wo sie so tun wollte, als würde sie den Text ablesen, mit Brille erscheinen musste.

Aber würde ihr Plan wirklich so funktionieren, wie sie es sich vorstellte? Notlügen war sie ja gewohnt, doch diese Nummer war heikel wie keine zuvor. Eigentlich lag es auf der Hand: Der einzige Text, den sie frei vortragen konnte, ohne ihn lesen zu müssen, war ihr eigener, denn den kannte sie fast auswendig, so oft hatte sie ihn sich angehört. Sie musste nur noch ein bisschen üben. Bloß war es natürlich höchst peinlich, beim Lesekreis offen mit der eigenen Geschichte aufzutreten. Zumal sie überhaupt nicht einschätzen konnte, wie sie bei den anderen ankam. Bisher hatte niemand auch nur ein Wort davon gehört. Besser also, sie trug ihre Story unter einem anderen Namen vor, das war sicherer.

Sie spazierte auf den Deich und schaute zum Horizont. Hier war sie ganz alleine, weit und breit war kein Mensch zu sehen. Es war gerade Ebbe, der braune Schlick mit den silbernen Pfützen reichte bis zum Horizont. Sie zog ihr Diktiergerät aus der Tasche, in das sie den gesamten bisherigen Text der «Farben der Insel» gesprochen hatte. Immer wieder spulte sie zurück, hörte sich selbst zu und wiederholte dann die Worte:

Alles ist in Feststimmung, der Himmel, das Meer, die Häuser, das Gras auf den satten Marschweiden, die Gräben, sogar die Sümpfe. Der Wind spielt die Musik dazu, mal leicht, mal böig, manchmal nimmt er etwas goldfarbenen Sand auf, wirbelt ihn hoch in die Luft und lässt ihn dann ganz fein wieder herunterrieseln. Das schlanke Schilf in den Gräben raschelt dazu, es klingt wie Beifall, die ganze Welt ist Farbe und Musik.

Nachdenklich schaute sie aufs Watt. Hoffentlich würde es funktionieren.

Als sie in ihre kleine Wohnung zurückkehrte, hatte sie auch den Teil mit der blauen Stunde drauf, den sie sich erst vor kurzem ausgedacht hatte. Was sie beschrieb, lag direkt vor ihren Augen, wenn sie aus dem Fenster sah:

Sonnenrot und Nachtblau sind wie füreinander geschaffen, unter anderen Umständen wären sie bestimmt ein glückliches Paar geworden und zusammen um die Welt gezogen.

Erleichtert stellte sie fest, dass sie schon das meiste auswendig konnte. Den Rest musste sie notfalls improvisieren. Wichtig war, dass sie sich nicht verhedderte, sonst flog sie auf. Es musste auf Anhieb klappen!

In zwei Tagen, am Mittwoch, war es so weit. Dann fand der nächste Lesekreis statt. Es war gut möglich, dass sie dort den Herztod starb – so aufgeregt, wie sie jetzt schon war.

7.

Zum nächsten Lesekreis war Sandra viel zu früh dran. Sie trug ein hellblaues Strandkleid und ihre Lieblingssandalen, dazu hatte sie eine Tasche über die Schulter geworfen, in der sich neben ihren Badesachen und dem Brillenetui auch ein ganz besonderes Buch befand. Es hieß «Der verkaufte Käufer» und stammte von einem gewissen Wolfgang Menge, der wohl in den siebziger Jahren ein bekannter Talkmaster gewesen war. Wie sie dem Umschlagtext mühsam entnahm, ging es darin um die Verkaufstricks von Supermärkten und Konzernen. Aber das spielte heute überhaupt keine Rolle.

Sie hatte das Buch bei Greta gekauft und in dunkelgrünes Papier eingeschlagen, so war der Titel nicht zu erkennen. Im Lesekreis würde sie so tun, als wäre es der Roman «Farben der Insel». Sie hatte sich auch einen Autorennamen ausgedacht: Carola Jensen. Den Namen hatte sie sich aus einem alten Hamburger Telefonbuch rausgefischt, das sie beim Putzen in Gerkes Wohnung gefunden hatte.

Als sie mit dem Fahrrad die kleine Inselbuchhandlung erreichte, hatte sie richtige Magenschmerzen. Hoffentlich ging das gleich gut!

Björn saß bereits lesend im Strandkorb vorm Wintergarten und legte, als er sie sah, sein Buch zur Seite.

«Moin, Sandra.»

«Moin, Björn.»

Er musterte sie neugierig mit seinen blauen Augen. Sie setzte sich neben ihn.

«Was liest du da?», fragte sie.

«Ein blaues Buch.»

«Heißt das etwa so?» Es hätte sie gewundert, aber literarische Bücher hatten manchmal seltsame Titel.

«Nein, das Cover ist nur zufällig blau. Ich mag es sehr, dass die Bücher hinten im Antiquariat nach Farben geordnet sind. Man sucht sich eine Farbe aus und entdeckt dann echte Überraschungen in den Regalen.»

Sandra musste lächeln. Dass sie persönlich für diese Sortierung verantwortlich gewesen war, durfte sie ihm nicht verraten. Sie hatte mal vor einiger Zeit das Antiquariat geputzt und dafür die Regale leer geräumt, danach hatte sie die Bücher wieder eingeräumt – penibel nach Farben sortiert. Aber nur, weil sie es nach Titeln nicht hinbekommen hätte.

«Lohnt sich das blaue Buch denn?», fragte sie.

«Es ist die Geschichte eines Paares aus Buenos Aires, das in ein Iglu nach Grönland zieht.»

«Beliebte Quizfrage zu Grönland», fiel ihr ein. «Weißt du, warum Eisbären keine Pinguine fressen?»

«Äh, warum nicht?»

Björn stand offensichtlich auf dem Schlauch.

«Wo leben Eisbären?», fragte sie.

«Nordpol.»

«Und Pinguine?»

Er lachte. «Mann, bin ich blöd!»

Sandra lief rot an. Sie hatte Björn nicht bloßstellen wollen. Zum Glück konnte er über sich selbst lachen.

Jetzt näherten sich Ellen mit Jan und Andrea, kurz darauf folgte Franziska.

«Bin ich zu spät?», fragte diese atemlos. «Ich hatte in der Marsch einen Platten und habe mir dann ein Taxi genommen.»

«Alles gut», sagte Sandra. Sie war mittlerweile so aufgeregt, als ginge es um Leben oder Tod.

Gemeinsam betraten sie den Wintergarten, wo Greta gerade eine Ladung neuer Bücher einsortierte. Von dort wanderten sie weiter nach hinten in den Büchertempel und nahmen auf den Ledersesseln Platz. Björn saß Sandra direkt gegenüber, was sie noch nervöser machte. Im Kopf ging sie schnell noch mal ihren Text von den Farben der Insel durch.

Aber erst waren Ellen und Jan an der Reihe. Sie lasen abwechselnd ihre Lieblingsstellen aus «Frühstück bei Tiffany» von Truman Capote vor.

«Das Buch erinnert uns immer ans Wattenmeer», erklärte Jan.

«‹Frühstück bei Tiffany› ist ja sehr lustig, aber was hat das mit dem Wattenmeer zu tun?», fragte Franziska erstaunt.

«Jan und ich haben uns über dieses Buch kennengelernt.» Ellen warf ihrem Freund einen verliebten Blick zu.

Ihre Liebesgeschichte war auf der Insel rumgegangen:

Jan hatte Ellen das «Frühstück» mit handschriftlichen Kommentaren am Rand über Greta zukommen lassen, weil die Hauptfigur Holly Golightly ihn an Ellen erinnerte – das hatte die beiden schließlich zusammengebracht. Seitdem waren sie unzertrennlich.

«Andrea», sagte Jan, «schreib bitte ins Protokoll, dass ich auf meinem Kutter zwar immer das Wattenmeer vor Augen habe, dabei aber ganz oft an New York denken muss. Nordfriesland und New York sind für mich eins.»

Andrea notierte alle möglichen Gedanken, die ihnen während des Lesekreises kamen.

«Warst du denn schon mal drüben?», fragte sie.

Jan schüttelte den Kopf. «Manchmal möchte ich die Netze einholen und einfach lostuckern. Aber meine ‹Rungholt II› ist eine Nussschale, die ist für den Atlantik eine Nummer zu klein.»

«Andere sind schon mit dem Kajak rüber.»

«Die sind ja auch irre.»

«In einem Roman könntest du das mit deinem Kutter aber ohne weiteres angehen», meinte Sandra.

Jan grinste. «Du hast recht, das ist eine Idee: ‹Mit dem Kutter nach Manhattan› ...»

Als Jan und Ellen fertig gelesen hatten, war Sandra an der Reihe. Sie hatte vor Aufregung einen trockenen Mund. Schließlich gab sie sich einen Ruck und hielt das Buch mit dem grünen Umschlag in die Höhe.

«Ich wollte euch etwas von Carola Jensen vortragen», verkündete sie und fing an zu blättern. Vor sich sah sie einen wilden Haufen Buchstaben, einzelne Wörter waren darin für sie nicht zu erkennen. Fast hätte sie einen schweren Fehler begangen und ohne Brille angefangen, aber Gott sei Dank fiel es ihr im letzten Moment wieder ein.

«Und ich wundere mich, warum ich nichts erkennen kann», murmelte sie und setzte die Brille auf. Dann trug sie ihren Text auswendig vor, wobei sie so tat, als läse sie jedes Wort ab. Sie durfte nicht vergessen, in regelmäßigen Abständen umzublättern.

Farben der Insel. Von Carola Jensen.

Die mächtige gelbe Sonnenscheibe sinkt immer schneller zum Meer, jetzt nippt sie bereits an den Wellenspitzen. Währenddessen verfärbt sie sich unablässig. Die Sonne ist die Mutter aller Farben, die ohne sie nicht existieren würden. Nun dürfen ihre Kinder ran, die jungen Rottöne. Sie drehen vor dem Schlafen noch einmal richtig auf, wie immer, wenn sie todmüde sind. Ihre karminroten Cousinen von der Insel, die auf Ziegeln und Schornsteinen der reetgedeckten Häuser ein beschauliches Leben führen, können da nur staunen. Angesichts dieses schönen Schauspiels kommt bei ihnen ein bisschen Eifersucht auf. Das windstille Wasser ist ein riesiger Spiegel, der das Lichtspiel noch einmal verstärkt. Alles leuchtet: der Himmel, der Ozean, und mittendrin, wie eine Perle, meine sattgrüne Insel …

Sie «las» noch ein bisschen weiter, und als sie fertig war, herrschte Stille. Die anderen starrten sie an. Sandra geriet in Panik – konnten sie nichts damit anfangen? Waren Fehler im Text gewesen, falsche Formulierungen? Hatten sie gemerkt, dass Carola Jensen gar keine Autorin war?

«Das war total berührend», murmelte Ellen irgendwann.

«Ich habe alles bildlich vor mir gesehen, es war wie ein Rausch.»

Björn nickte. «Ganz großes Kopfkino.»

Wie bitte? Hatte sie richtig gehört? Es gab Lob für ihre Geschichte?

Jetzt meldete sich Franziska zu Wort: «Ich habe diese Carola Jensen gerade mal gegoogelt.» Sie hielt ihr Smartphone hoch. «Im Netz habe ich nur eine Molkereiangestellte und eine Hundeführerin beim dänischen Zoll gefunden. Weißt du mehr über sie?»

Mit dieser Frage hatte Sandra nicht gerechnet, denn sie hatte sich mit voller Kraft aufs Auswendiglernen konzentriert.

«Äh, ehrlich gesagt, kenne ich sie auch nicht», erklärte sie und fügte schnell hinzu: «Das Buch ist aus den siebziger Jahren. Das gibt es gar nicht mehr zu kaufen.»

«Zeig mal her.»

Sandra drückte den Band an ihren Bauch. Franziska durfte den richtigen Text auf gar keinen Fall sehen! Ihr musste jetzt schnell eine Ausrede einfallen. Zum Glück konnte sie spontan an das anknüpfen, was Ellen und Jan vorhin erzählt hatten.

«Also, das ist etwas peinlich», murmelte Sandra. «Aber ich kann dir das Buch nicht geben. Das ist wie bei Jan und Ellen, da stehen ein paar persönliche Kommentare drin.»

«Von der Autorin?»

«Nee, von meinem Ex.»

Toll wäre gewesen, wenn sie dazu noch rot angelaufen wäre, aber so weit ging ihre Schauspielkunst dann doch nicht.

«Verstehe, alles klar.» Franziska grinste. «Wie war er denn so?»

Sandra lächelte. «Schrecklich natürlich. Sonst wäre er ja nicht mein Ex, oder?»

Alle lachten, die Situation war gerettet. Unsicher blickte sie zu Björn. Was der wohl jetzt dachte?

«Ist ewig her», fügte sie schnell hinzu.

Björn lächelte sie offen an. «Mein Textauszug ist quasi eine Fortführung von deinem», sagte er und begann zu lesen. Seine Stimme klang wie Gesang, gleichzeitig hatte sie etwas Entschlossenes.

Als kleines Kind hatte sie immer Angst vor Sturmfluten gehabt, die die Insel überspülten. Ihr Vater gab daraufhin allen Winden und Wasserständen friesische Namen, sodass Ebbe und Flut, Sturm und Windstille zu nahen Verwandten wurden. Den Blanken Hans gab es ja schon, der war grob und laut und tobte sich im Winter gerne mal über der Insel aus. Raik war ein Starkwind mit auffrischenden Böen, ein Angeber, der gerne der Blanke Hans gewesen wäre, aber nie an ihn herankam und maßlos überschätzt wurde, während Gunnar Svenson mit seinen schmalen Lippen schon ernster zu nehmen war. Durch die Namen wurden sie alle vertraut wie Tanten und Onkel, die man zwar manchmal komisch fand, aber vor denen man keine Angst haben musste.

Mit der Stimme hätte Björn auch eine Bedienungsanleitung für einen Akkuschrauber vortragen können, Sandra hätte ihm stundenlang zugehört.

«Es hört sich so an, als wenn dieser Autor Theodor Storm gelesen hat», sagte sie.

«Wie kommst du darauf?», fragte Franziska.

«Er spielt mit den dunklen Naturelementen, die zum Beispiel auch im ‹Schimmelreiter› vorkommen.»

«Habe ich auch schon gedacht», sagte Björn.

Sie diskutierten noch ein bisschen über Theodor Storm, dann machte Andrea einen Vorschlag: «Fürs nächste Mal würde ich sagen, dass wir mal alle dieselbe Geschichte vorbereiten und dann hier darüber reden.»

Sandra versetzte es einen Stich. Wenn es diese Geschichte nicht als Hörbuch gab, war sie draußen. Ob ihr jemand ihre heimlichen Sorgen anmerkte? Sie versuchte, unbeschwert zu wirken.

«Aber bitte nichts mit Menschenfressern!», sagte Franziska.

«Mir hat das mit den unterschiedlichen Texten eigentlich gut gefallen», warf Sandra ein. «Warum bereitet nicht jeder vor, wozu er Lust hat?»

Björn schloss sich ihrer Meinung an. Aber die anderen wollten unbedingt bei einer gemeinsamen Geschichte bleiben. Schließlich einigten sie sich auf «Deichmörder» von Hendrik Berg.

Sandra war frustriert. Aus dieser Nummer kam sie mit keinem Trick mehr raus, denn den Roman gab es ihres Wissens nicht als Hörbuch. Innerlich nahm sie Abschied vom Lesekreis. Es hatte alles nichts genützt. Auch wenn das Ende absehbar gewesen war: warum schon jetzt?

«Kommt, lasst uns noch kurz übers Hafenfest ziehen», schlug Björn vor, als sie draußen auf der Promenade standen.

Auch das noch, bitte nicht, dachte Sandra. Andererseits fühlte sie sich gerade so wohl mit den anderen, und wenn sie noch ein bisschen in Björns Nähe sein wollte, war das die Gelegenheit.

«Gute Idee», sagte sie.

Auf dem Weg zum Jahrmarkt ergab es sich, dass sie neben Björn ging.

«Du bist noch nicht lange auf der Insel, oder?», fragte sie.

«Nein, erst seit vier Wochen.»

«Und was machst du hier?»

«Ich leite die Grundschule in Midlum. Am liebsten unterrichte ich Deutsch.»

Ihr Magen zog sich zusammen. Björn brachte also Kindern lesen und schreiben bei. Er würde vom Hocker fallen, wenn er ahnte, dass seine Erstklässler mehr draufhatten als sie. In einem anderen Leben hätte sie jetzt angefangen, mit Björn zu flirten. Seine Stimme, seine schönen Augen, seine Art, das alles gefiel ihr.

Vergiss es, Sandra, hämmerte sie sich ein. *Er ist unerreichbar für dich!*

Franziska kam näher und hakte sich bei ihr ein, als wenn sie schon seit Ewigkeiten befreundet wären. Immerhin, das war in diesem Moment ein kleiner Trost.

8.

Sie hörte den Lärm des Jahrmarkts schon von weitem: Sirenen, dröhnende Lautsprecher-Ansagen, kreischende Fahrgeschäfte, hämmernde Bässe, dazu kam die Geruchsmischung aus Zuckerwatte, Pommes und fettiger Bratwurst. Björn, Franziska und auch Ellen und Jan stürzten sich begeistert ins Getümmel, während Sandra ein flaues Gefühl im Magen verspürte. Die ganze Zeit behielt sie den Autoscooter im Blick, und dafür gab es einen Grund: Nicht nur ihr Cousin Tim arbeitete dort, sondern auch ihr Onkel Harry, Tims Vater. Er stand ein paar Meter weiter an der «Krake». Die halbe Familie war also versammelt, wie früher. Dass Tim und Harry hier waren, wusste sie. Umgekehrt wussten sie nichts von ihr. Und das war gut so.

Harry hatte sie einige Jahre nicht gesehen. Er war kaum wiederzuerkennen, mittlerweile hatte er sämtliche Haare verloren. Er konnte sie nicht erkennen, weil sie sich eine dunkle Sonnenbrille aufgesetzt hatte.

Irgendwann wagte Sandra sich doch zum Autoscooter vor, den sie besser kannte als ihr eigenes Zimmer. An den Wänden prangten selbstgemalte Porträts von Berühmtheiten wie James Dean, Elvis Presley und Michael Jackson.

Tim hatte damals bei der Gestaltung mitgearbeitet. Die Gesichter sahen alle leicht schief aus, als hätten Marilyn Monroe und die anderen eine missglückte Schönheits-OP hinter sich. Aber man erkannte, wer sie sein sollten, und das reichte.

Die Fahrfläche war so etwas wie das Wohnzimmer ihrer Familie gewesen. Wenn frühnachmittags nichts los war, hatten sie sich selbst in die Scooter gesetzt, um Betriebsamkeit zu simulieren. Sandra blickte auf die Schilder. Es waren immer noch dieselben, sie kannte sie auswendig, ohne lesen zu können: «Kinder von 4–10 Jahren nur in Begleitung Erwachsener», «Bei selbstverschuldeten Unfällen keine Haftung», «Wenn das Signal ertönt, sofort die Fahrbahn freimachen».

«Hallo, Sandra», ertönte eine Stimme neben ihr.

Nun war es nicht mehr zu umgehen. Sie drehte sich zu ihrem Cousin um.

«Moin, Tim.»

«Ich habe dich letztens schon auf der Promenade gesehen. Kann das sein?»

Peinlich.

«Kann sein.»

Sie gaben sich etwas steif die Hand, dann umarmten sie sich kurz.

«Ich wohne auf der Insel», erklärte sie.

«Ich weiß.»

Tim und sie hatten sich das letzte Mal vor fünf Jahren getroffen, auf dem Siebzigsten ihres Vaters, da war Tims Frau Manu gerade hochschwanger mit Zwillingen gewesen. Zu deren Geburt hatte Sandra noch eine Karte und

Geschenke geschickt. Danach war Funkstille. Sie wollte einfach nichts mehr mit dem Jahrmarkt zu tun haben.

Björn und Franziska kamen neugierig näher.

«Hi, ich bin Tim, der Cousin von Sandra. Kommt, ich gebe euch ein paar Fahrten aus.»

Das ließen sich die beiden nicht zweimal sagen, sie sprangen gleich in den erstbesten Wagen. Jan und Ellen nahmen den daneben, Sandra setzte sich zu Andrea. Eine etwas unglückliche Konstellation, lieber wäre sie mit Björn gefahren. Hinzu kam, dass Andrea Björn andauernd rammen wollte, sehr neckisch. Aber für solche Spielchen war der Autoscooter eben erfunden worden.

Nach der ersten Fahrt hatte Sandra genug. Sie stieg aus und ließ die anderen alleine weiterfahren.

Tim sah sie an. «Wir müssen uns dringend treffen.»

«Wieso?»

«Familienangelegenheiten.»

Ihr wurde ganz komisch zumute. Was sollte das sein? Mit dem Jahrmarkt hatte sie lange nichts mehr zu tun.

«Was genau?»

«Wir sollten in Ruhe darüber reden.»

Sie konnte sich immer noch nicht vorstellen, worum es ihm gehen könnte, aber sie wollte nicht unfreundlich sein.

«Okay.»

«Nach dem Hafenfest mache ich mit den Kindern noch zwei Wochen Ferien auf der Insel. Lass uns dann treffen. Ich rufe dich an. Du hast noch dieselbe Nummer, oder?»

Sie nickte. Tim verabschiedete sich und ging zurück zum Kassenhäuschen. Nachdenklich schaute sie auf die Fahrfläche. Die anderen amüsierten sich prächtig.

Eine Stunde später löste die Gruppe sich auf. Nachdem sie sich verabschiedet hatten, setzte Sandra sich auf den Deich hinter dem Hafen und blickte auf die Lichter. Sie kannte jedes Fahrgeschäft in- und auswendig, die meisten Besitzer sprachen sie mit Vornamen an. Sie war eben mal eine von ihnen gewesen.

Im Wattenmeer lief das Wasser ab, die abendliche Nordsee sah aus wie eine flache, gläserne Pfütze, in der sich der blaue Himmel mit den Schäfchenwolken spiegelte. Auch wenn sie auf dem Jahrmarkt keine unglückliche Kindheit gehabt hatte, gab es nichts, wogegen sie das Leben auf der Insel wieder eintauschen wollte.

Die Kirmes war ein riesiger, bunter Abenteuerspielplatz gewesen, auf dem es nie langweilig wurde. Mit den anderen Kindern war sie von Fahrgeschäft zu Fahrgeschäft gestreift. Ihre Eltern brauchten sich keine Sorgen zu machen, es lief wie in einem intakten Dorf: Alle Erwachsenen passten auf alle Kinder auf. Mamu und Papu, wie sie ihre Eltern nannte, waren Schausteller mit Leib und Seele. Sie hatten das Leben mit dem Autoscooter geliebt. Nach Feierabend tanzten sie noch ein Viertelstündchen zu zweit auf der Fahrfläche nach einer Musik, die eigentlich viel zu modern für ihre Generation war – was sie niemals gestört hatte, sie waren immer offen für Neues. Mamu war der bestgelaunte Mensch, den man sich vorstellen konnte: Eine rundliche kleine Frau mit lebendigen Augen, die auch im höheren Alter immer den aktuellsten Hit vom Autoscooter vor sich hin pfiff. Papu war ebenfalls rund und klein und wie Mamu eine Arbeitsbiene, er konnte selten mal stillsitzen.

Sandra hatte von früh an im Geschäft mitgeholfen, was

sie immer als besondere Auszeichnung empfunden hatte: Im Kassenhäuschen fühlte sie sich wie die Kapitänin eines Kreuzfahrtschiffes. Sie erinnerte sich gerne an die Zeit, als die neuen Titel von Michael Jackson aus den Boxen dröhnten, die Wagen mit ihren silbernen Antennen auf der Fahrfläche hin und her zischten, umeinander und ineinander fuhren. Einige Jungs hatten beim Steuern lässig den Arm um ihre Bräute gelegt, als müssten diese beschützt werden. Sandra wippte mit der Musik mit, sie war damals ein Riesenfan von «Jacko» Michael Jackson gewesen. Ein paar Jungs hatten ihr den Moonwalk beigebracht, sie hatte ihn wie wahnsinnig geübt und konnte ihn irgendwann, auch wenn es bei ihr natürlich nie so schwerelos wie beim *King of Pop* aussah.

Wenn die Sirene ertönte, stoppten die Wagen auf der Stelle, und die Leute mussten aussteigen. Michael Jackson setzte kurz aus, dann hallte Papus vertraute Stimme aus den Boxen: «Glei-eich geht es wei-ei-ei-ter-ter-ter.» Schon eilten die Nächsten auf das Fahrfeld. Sandra sammelte die Chips ein, die sie den Kunden vorher an der Kasse verkauft hatte. Dann ertönte wieder Michael aus den Boxen. *Beat it.* Papu öffnete die zweite Schachtel Zigaretten an diesem Tag, klopfte eine halb aus der Packung, steckte sie sich zwischen die Lippen und zündete sie mit seinem Metallfeuerzeug an. Es gab niemanden, der so elegant rauchte wie er, er genoss jeden Zug und konnte wunderbare Kringel in die Luft blasen. So gesehen fand sie es auch ein bisschen schade, dass er das Rauchen irgendwann aus gesundheitlichen Gründen aufgeben musste.

Sie zogen von Stadt zu Stadt, Sandra lernte fast jeden

größeren Ort in Deutschland, Österreich und der Schweiz kennen. Da in Deutschland Schulpflicht herrschte, musste sie immer in der Stadt zur Schule gehen, in der sie gerade waren. Wenn sie neu in eine Klasse kam, stand sie jedes Mal im Mittelpunkt. Sie erzählte Geschichten vom Jahrmarkt, und die Lehrer und Schüler hörten ihr begeistert zu.

Da sie immer nur wenige Wochen an einem Ort waren, forderte kein Lehrer ernsthaft etwas von ihr. Wenn sie doch mal einer genauer ins Visier nahm, funktionierte schon damals die Ausrede mit der Brille, die angeblich gerade beim Optiker war. So gesehen hatte sie eine entspannte Jugend gehabt.

Sie lernte andauernd neue Menschen kennen. Und sie konnte mit den meisten; für jede und jeden hatte sie den richtigen Spruch auf den Lippen. Je älter sie wurde, desto mehr entwickelte sie sich im Autoscooter zu einem kleinen Star, der vor allem die männlichen Besucher anlockte. Aber mehr als ein Flirt war von ihrer Seite aus nicht drin, sie ließ niemanden an sich ran.

Das Blöde war, dass sie keine beständigen Kontakte aufbauen konnte. Mit den Jahrmarktbesuchern ohnehin nicht, aber auch die Schausteller zogen ja nicht zusammen durch die Gegend. Man traf sich zufällig irgendwo wieder oder auch nicht. Das machte es mit den Jungs und der Liebe natürlich schwierig. Mit einigen hatte sie sich geschrieben, ihre beste Freundin Elina von der «Raupe» las ihr die Briefe vor. Anschließend diktierte Sandra ihr die Antworten, was sehr viel Vertrauen in Elina verlangte, aber sie hatte keine andere Wahl. Doch es nützte alles nichts, es wurde so gut wie nie etwas Ernstes daraus.

Als sie Anfang zwanzig war, fingen die Besucher an, sie zu nerven. Was eindeutig an ihr lag und nicht an den Leuten, denn die waren ja wie immer. Hinzu kamen die Dauerbeschallung, die ständig flackernden Lichter, denen sie sich nie entziehen konnte. Sie konnte nicht mehr, sie wollte nicht mehr. Nur wegen Mamu und Papu hielt sie noch ein paar Jahre durch, aber an ihrem dreißigsten Geburtstag war endgültig Schluss.

Das war nicht einfach, erwarteten ihre Eltern doch, dass sie das Geschäft einmal übernähme. Es brach ihnen fast das Herz, als sie ihnen ihre Entscheidung mitteilte. Aber Sandra hatte alles genau geplant. Sie hatte sich auf einer Landkarte eine x-beliebige Insel ausgeguckt. Dort zu leben, wo andere Urlaub machten, schien ihr eine gute Idee zu sein.

Für den Autoscooter fand Papu eine Lösung: Sein Neffe Tim übernahm das Geschäft, er und Mamu blieben stille Teilhaber. Tim überwies ihnen jeden Monat einen Anteil der Einnahmen, das war ihre Rente. Mamu und Papu zogen sich in einen kleinen Ort in der Eifel zurück, denn auch sie sehnten sich nach Ruhe. Es ging ihnen dort bestens. Das letzte Mal hatte Sandra sie gesehen, als sie auf der Insel zur Kur waren, sonst besuchte sie sie vier- bis fünfmal im Jahr. Alles war gut – der Jahrmarkt war weit weg und Vergangenheit.

Bis Tim auf ihrer Insel aufgekreuzt war.

9.

Am nächsten Morgen um acht Uhr brach vor Sandras Wohnungstür ein Inferno aus. Gerade hatte sie ihr tägliches Bad in der Nordsee genommen und war dabei, sich ihr Frühstück zuzubereiten. Die Sonne schien, eigentlich wollte sie eine Scheibe Toast und frischen Kaffee mit an den Strand nehmen. Doch plötzlich war draußen wütendes Motorengeheul zu vernehmen. Sie eilte zur Terrassentür. Der Garten war immer noch unberührt, britisch-korrekt gestutzt bis ins letzte Blatt. Doch an der Wasserkante wartete bereits Eike in seinem riesigen Radlader auf seinen Einsatz. Er ließ den Motor auf höchste Drehzahl hochfahren, dann senkte er die Schaufel und ging wie ein bösartiges Insekt zum Angriff über. Am Strand nahm er so viel Seegras auf, wie es nur ging, und schüttete es dann als tropfenden Riesenklumpen in den Garten.

Sandra eilte zu Gerke hinüber. Trotz hochsommerlicher Temperaturen hatte er die Türen zur Terrasse geschlossen und die Vorhänge zugezogen. Er öffnete ihr in seidenem Morgenmantel, dazu trug er weiße Slipper.

«Kommen Sie rein», sagte er betrübt.

Sandra setzte sich zu ihm auf die Couch, um ihm Beistand zu leisten. Ganz gegen seine sonstigen Gewohnheiten schenkte er sich einen Whisky ein, und zwar üppige drei Fingerbreit. Er trank äußerst selten Alkohol, aber jetzt wollte er anscheinend möglichst schnell betrunken werden.

«Sie auch?», fragte er und hielt die Flasche hoch.

«Nee, danke, um diese Zeit nicht.» Sie hatte noch nicht einmal gefrühstückt.

«Anders halte ich es nicht aus», stöhnte er.

«Ist das da draußen denn wirklich nötig?»

«Ich fürchte, ja.»

«Sicher?»

Das Motorengeheul ging unbeirrt weiter. Sandra schlich zur Terrassentür und linste vorsichtig hinter den Vorhang. Der Garten sah schon jetzt aus wie eine Baustelle.

«Wie weit ist er?», fragte Gerke.

«Och ...»

Sandra schloss den Vorhang wieder.

Gerke hatte bereits das zweite Glas geleert. Allein das Geräusch des Radladers schien ihm körperliche Schmerzen zu bereiten.

«Es gab zwei Dinge in meinem Leben, auf die ich stolz war: mein englischer Garten und dass ich Jonathan Brown entdeckt habe, als ihn noch keiner kannte.»

«Und jetzt?»

«Jetzt muss ich einsehen, dass man beides zusammen nicht haben kann.»

«Ist dieser Brown wirklich so exzentrisch?»

«Erst seit er so berühmt ist.»

«Ich schaue mal nach, was Eike so macht, ja?»

«Ja, gehen Sie nur. Ich warte noch ein bisschen hier.

Wenn ich das erste Mal rausgehe, möchte ich so betrunken sein, dass ich nichts mehr erkenne.»

Sandra öffnete die Terrassentür und sah zu, wie Eike eine weitere Fuhre Seegras auf den Rasen kippte. Er leistete wirklich ganze Arbeit, seine Augen glühten wie die eines Wahnsinnigen.

«Der Ami soll sich wie zu Hause fühlen!», brüllte er ihr von seinem Fahrersitz aus zu und rammte die Schaufel in den makellosen Rasen. Er hob einen Haufen hoch und kippte ihn vor der Terrasse ab. So viel konnte Gerke gar nicht trinken, dass er das schadlos mit ansehen konnte.

«Seegras vom Strand haben wir jetzt genug!», schrie Sandra.

Eikes Augen funkelten so fanatisch, dass es ihr Angst machte. Mit höllischem Lächeln fuhr er mit der Schaufel ins Erdreich, setzte zurück und hob eine weitere Grube aus. Daneben entstand nach und nach ein kleiner Hügel.

Eike war nun nicht mehr zu stoppen. Er zerstörte ein Jahrzehnt sorgfältige Pflege, die er mit eigenen Händen geleistet hatte. Vielleicht konnten die vielen kleinen Hügel später bepflanzt werden, und in den Gruben dazwischen legte man Zierteiche an, überlegte Sandra. Wenn man es sich schönredete, entstand im Garten gerade eine neue, faszinierende Landschaft. So erklärte sie es jedenfalls Gerke, der mittlerweile auf der Couch lag. Sie war sich nicht sicher, ob ihre tröstenden Worte ihn noch erreichten.

Als Eike mit seinem Radlader abgezogen war, wurde es totenstill auf dem Grundstück. Sandra schaute in den Garten mit den neuen Hügeln. Unglaublich, was eine Maschine in einer halben Stunde alles anrichten konnte!

Gerke war zu diesem Zeitpunkt längst auf dem Sofa eingeschlafen. Sie ließ ihn träumen.

In ihrer Wohnung packte sie zwei Äpfel, eine Banane und eine Wasserflasche in die kleine Kühltasche. Die kam in den Rucksack, dann machte sie sich auf zur großen Düne, immer an der Wasserkante entlang. Das frische Meerwasser umspülte ihre nackten Füße, die Luft war angenehm temperiert. Draußen auf See sprang ein Kite-Surfer über die Wellen und drehte sich in der Luft. Es war Florian, der Freund von Greta, sie erkannte ihn an seinem pinkfarbenen Schirm. Hier am Strand aber war sie ganz alleine, der Wind fuhr ihr durchs Haar und roch wunderbar frisch.

Nach einer guten halben Stunde kam sie bei der großen Düne an. Auf der anderen Seite lag eine Pension, aber so weit wollte sie nicht gehen. Sie kletterte den Hang hinauf, dort oben war ihre Lieblingsstelle. Als sie ankam, musste sie allerdings feststellen, dass schon jemand dalag: ein Mann in Badeshorts und mit braun gebranntem Oberkörper. Sie war enttäuscht, hatte sie doch gehofft, ganz für sich zu sein. Zu zweit auf der Düne, das kam ihr irgendwie zu intim vor. Gerade wollte sie den Rückzug antreten, um sich einen anderen Platz zu suchen, als sich der Mann zu ihr umdrehte. Sie erschrak.

«Moin, Sandra», murmelte Björn und lächelte. Er schien ebenso überrascht wie sie.

«Hallo, Björn. Kann ich mich zu dir setzen?»

«Eigentlich habe ich keine Zeit, ich mache gerade Hausaufgaben für unseren Lesekreis», scherzte er und deutete auf das Buch, das aufgeschlagen neben ihm lag. Seine Haare waren ziemlich verwuselt, selbst das stand ihm. Und sein Oberkörper konnte sich ebenfalls sehen lassen. Sie setzte sich zu ihm in den weichen Dünensand.

«Kannst ruhig mal eine Pause machen, damit sich das besser setzt», sagte sie, als ob sie damit Erfahrung hätte.

«Recht hast du, ich sollte es wissen.» Er rückte ein Stück zur Seite, sodass sie sich neben ihn setzen konnte.

«Woher kommst du eigentlich?» Sandra streckte die Beine aus.

«Ich bin in Kiel aufgewachsen, zusammen mit meinen sechs Schwestern.»

«Sieben Kinder wart ihr?», staunte Sandra. «Und der wievielte davon bist du?»

«Der jüngste.»

«Ah, der verwöhnte Prinz.»

«Hast du 'ne Ahnung! Meine Schwestern haben mir nichts geschenkt.» Er überlegte einen Moment. «Na ja, ein bisschen hast du vielleicht recht, aber das würde ich nie zugeben.»

«Und warum bist du auf die Insel gezogen? Entschuldige, ich bin sehr neugierig.»

«Als Kind war ich hier mal zur Kur. Die Insel kam mir damals vor wie ein Traum. Die Strände, die Weite, einfach alles. Nach dem Studium habe ich dann in Kiel an einer sehr guten Schule unterrichtet, alles war bestens. Trotzdem habe ich mich immer nach den Farben der Insel gesehnt.»

Sie lachte. «Das klingt so, als wenn du die Geschichte schon kanntest, die ich vorgelesen habe.»

«Das nicht, aber diese Carola Jensen hat genau das ausgedrückt, was ich empfinde. Die Geschichte hat mich sehr berührt, das habe ich dir ja schon im Lesekreis gesagt. Leider lässt sich im Internet nicht mehr über sie herausfinden.»

«Als sie das geschrieben hat, gab es das Internet noch gar nicht. Außerdem war es ein kleiner Verlag. Ich habe gerüchteweise gehört, dass sie zurückgezogen auf einer Insel lebt.»

Was ja stimmte.

Björn starrte aufs Meer, das sich unterhalb der Düne vor ihnen ausbreitete. «Das kann ich mir gut vorstellen. Sie hat eine intensive Wahrnehmung und sieht mehr als andere. Kann ich mir das Buch vielleicht mal kopieren?»

Sie schluckte, wie sollte das gehen?

«Gerne.»

«Du hast den Text toll rübergebracht. Besser konnte man das gar nicht vorlesen. Hast du beruflich mit Sprachen zu tun?»

Es wurde immer verrückter. Björn durfte niemals die Wahrheit erfahren!

Sie lachte. «Nee.»

«Was machst du so?»

«Ich jobbe ein bisschen hier und da, auf der Fähre und bei reichen Leuten.»

«Stammst du von der Insel?»

«Also, geboren bin ich in Prüm, in der Eifel. Aber die Farben der Insel haben mich hierhergelockt, und dann bin ich einfach hängengeblieben.»

Björn lächelte. «Ich habe auch das Gefühl, dass ich hier richtig bin. Und unser Lesekreis ist das i-Tüpfelchen.»

«Bist du schon fertig mit unserer Hausaufgabe?», fragte sie.

«Nein, du?»

«Ich wollte heute damit anfangen», log sie. Das war das Schwierige an ihrem Leben: Auf eine Lüge folgte die nächste. Wenn sie ihn näher kennenlernen würde, käme alles heraus. Deswegen war das ausgeschlossen.

Er deutete auf das Buch, das immer noch aufgeschlagen neben ihm lag. «Liest du mir den Abschnitt vor?», bat er. «Bitte!»

«Ich habe leider wieder meine Brille nicht dabei.»

«Bist du so kurzsichtig?»

«Nee, ich kann nichts erkennen, was nahe dran ist. In der Ferne sehe ich alles.»

«Das ist also nur blöd fürs Lesen.»

«Ja. – Liest *du* es mir vor?»

«Okay.»

Sie legte sich neben ihn in den warmen Sand. Björn nahm das Buch in die Hand, räusperte sich, dann begann er zu lesen:

Ihr neues Zuhause war eine kleine Friesenkate direkt hinterm Deich. Ein über 150 Jahre altes Kunstwerk. Die weiß verputzten Wände leuchteten in der Sonne und bildeten den perfekten Hintergrund für die Rosenbüsche, die sich in sanften Schwüngen hinauf bis zum Dach rankten …

Sie schloss die Augen und genoss einfach. Seine volle Stimme machte den Text erst lebendig. Die Landschaftsschilderungen brachte er so intensiv rüber, dass sofort Bilder in ihrem Kopf entstanden. Sie lag ganz nahe bei ihm, einmal berührten sich aus Versehen ihre Hände. Dazu schien die Sonne auf sie herab, die Luft war warm und roch nach Sommer. Vom Meer zog hin und wieder eine kühle Brise über sie hinweg, die leicht nach Salzwasser roch.

Sandra stellte sich vor, dass *sie* mit Björn in der Friesenkate wohnte, von der in dem Buch die Rede war. Sie würden sich gegenseitig bekochen und auf der Terrasse frühstücken, sie würden Radtouren über die Insel machen und abends zusammen vor dem knisterndem Kamin liegen. Von dem Text bekam sie nur noch die Hälfte mit, es war einfach zu schön, seiner Stimme zu lauschen und vor sich hin zu träumen.

Plötzlich hielt er inne. «Bis zu der Stelle hatten wir verabredet.»

Schade, für sie hätte es ewig so weitergehen können.

«Danke, das war sehr schön.»

«Was hältst du davon, wenn wir am nächsten Mittwoch nicht nur über Hendrik Berg sprechen, sondern du noch ein weiteres Kapitel von Carola Jensen vorliest? Wir könnten die beiden Autoren dann vergleichen», schlug Björn vor. «Ich fände es spannend, die unterschiedliche Sicht auf die Landschaft zu untersuchen.»

Sandra hätte am liebsten laut gelacht: Er hatte vor, sie mit einem bekannten Schriftsteller zu vergleichen? Das konnte nur schiefgehen. Abgesehen davon existierten ihre «Farben der Insel» nur bis zu dem Punkt, bis zu dem sie vorgelesen hatte.

«Mache ich», hörte sie sich sagen. Jetzt gab es kein Zurück mehr. Bis zum nächsten Mal musste sie sich eine

Fortsetzung einfallen lassen. «Hast du Lust, ins Wasser zu gehen?»

«Gute Idee!»

Sie sprangen auf, rannten nebeneinander zum Meer hinunter und stürzten sich jauchzend in die Nordsee. Dort spritzten sie sich gegenseitig nass und schwammen gegen die Wellen hinaus. Im Nachhinein erinnerte sie sich nicht mehr, wer angefangen hatte, aber irgendwann sangen sie beim Schwimmen Kinderlieder. Zuerst kam «Alle meine Entchen», dann «Hänschen klein», gefolgt von ein paar Weihnachtsliedern. Sie sangen eines nach dem anderen, all diese Lieder kannten sie auswendig.

Sandra wäre am liebsten ewig im Wasser geblieben, aber irgendwann wurde es doch zu kalt. Sie kletterten zurück auf ihre sonnenwarme Düne, und sie bat Björn, noch etwas weiter zu lesen, was er auch tat.

Es wurde ihr schönster Nachmittag seit Jahren.

Vielleicht konnte es ja doch mit ihnen klappen. Irgendwie. Auf jeden Fall würden sie sich wiedersehen, denn so ganz nebenbei war der nächste Lesekreis durch Björn gerettet – die nächsten Kapitel vom «Deichmörder» kannte sie ja nun und wusste, worum es ging!

10.

Wenn Sandra morgens zum Schwimmen ging, musste sie neuerdings über unzählige Hügel mit Seegras steigen. Gerke war nach Hamburg geflüchtet, um so wenig wie möglich von dem Elend auf seinem Grundstück mitzubekommen. Er würde so lange bleiben, bis die große Feier zu Ehren von Jonathan Brown stattfand. Offiziell war es die alljährliche Gartenparty des Verlages, aber überall wurde jetzt schon gemunkelt, dass der Weltstar dort erscheinen würde. Sandra wusste, dass Gerke noch keine feste Zusage von Brown erhalten hatte, aber das würde er sicher hinbekommen.

Ihr Kopf war momentan ohnehin voll mit anderen Dingen. Sie musste ständig an die Stunden mit Björn denken. Jede Minute auf der Düne spulte sie zurück und sah sich den Film in ihrem Kopf immer wieder von vorne an. Auch als sie ihre tägliche Runde in der Nordsee schwamm, bekam sie vom Meer eigentlich nichts mit, so sehr war sie mit sich und ihren Tagträumen beschäftigt. Sie schwamm viel länger als sonst, ohne dass es ihr auffiel.

Seine Nummer war in der WhatsApp-Liste des Lesekreises – sollte sie ihn anrufen? Sie traute sich nicht. Er wohl auch nicht, sonst wäre es längst passiert.

Als sie sich nach dem Morgenbad mit ihrem großen Frottéhandtuch abtrocknete, klingelte ihr Handy. Ihr Herz machte einen Sprung. War das etwa Björn? Sie griff nach dem Telefon.

«Moin, meine Liebe!», rief Franziska in den Hörer. «Hast du spontan Lust auf ein Treffen?»

Sandra holte tief Luft. Lieber wäre sie jetzt allein geblieben und hätte weiter von Björn geträumt. Andererseits gefiel ihr Franziskas direkte Art, sie war so unkompliziert und offen. Und wer wusste es schon, vielleicht würden sie Björn ja zufällig treffen.

Fünf Minuten später sprang Sandra auf ihr Rad. Sie zischte am Pilzkiosk vorbei, wo Elke lächelnd auf ihr Eissortiment deutete und ihr auffordernd zuwinkte.

«Später», rief Sandra und tauchte in die engen Gassen der Altstadt ein. Sie fuhr zwischen den Fischerhäuschen hindurch und hielt schließlich beim Café «Wattenblick» am Rand der Altstadt.

«Kaffee oder gleich shoppen?», fragte Franziska, die schon auf sie wartete.

«Lieber gleich shoppen.»

«Okay. Wo fangen wir an?»

«Brauchst du irgendwas Spezielles?»

«Um Gottes willen, nein. Ich komme einfach nicht mit meinem Roman voran und möchte mich nur etwas ablenken.»

Wie ich von Björn, dachte Sandra, *das passt ja.*

«Woran liegt's?»

«Der Anfang ist gut, aber dann verheddere ich mich. Vielleicht zu viele Figuren? Ich weiß es nicht.»

Für einen Moment bekam Sandra Angst, dass Franziska ihr den Text zum Lesen anbot, um eine zweite Meinung einzuholen. Was sollte sie dann als Ausrede vorbringen? Aber sie hatte Glück, Franziska hatte schon das Thema gewechselt.

In der Inselhauptstadt gab es unzählige kleine Geschäfte, sie ließen sich von einem zum anderen treiben. Bonbon-Kalle packte ihnen je eine Tüte mit bunten Süßigkeiten voll. In Susis Modeschmuckladen kaufte Franziska eine Holzkette, die Sandra nicht einmal getragen hätte, wenn man ihr dafür Geld geboten hätte. Sie mochte, wenn überhaupt, feine Silberkettchen. Aber bei Franziska sah sie sehr gut aus.

Es brachte riesigen Spaß, zu zweit durch die Läden zu ziehen, das hatte sie seit ihren Jahrmarktszeiten nicht mehr gemacht. Bei «Hemd und Höschen» schauten sie sich seidene Unterwäsche an, die ganz leicht und angenehm auf der Haut zu tragen war.

«Wie findest du das?», fragte Sandra aus der Umkleidekabine, nachdem sie ein cremefarbenes Oberteil mit einem gewagten Ausschnitt angezogen hatte. Es lag etwas über ihrem Budget. Beim Putzen auf der Fähre und bei Gerke verdiente sie relativ gut, weil Hilfskräfte auf der Insel gesucht waren. Trotzdem waren es natürlich keine Millionen. Da Sandra sonst bescheiden lebte und wenig Miete zahlte, musste sie bei Kleidung nicht sparen. Für ausgefallene Stücke konnte der Preis auch mal etwas über normal liegen, dafür kaufte sie lieber weniger.

Franziska kam in ihre Kabine und grinste. «Für wen soll das denn sein?»

«Für mich, für wen sonst?» Sie spürte, wie sie rot anlief.

Franziska lachte. «Ich meine, wen willst du damit kriegen?»

Ob Björn auf so was stand? Das sprach Sandra natürlich nicht aus, es war ein Teeny-Gedanke. Andererseits vielleicht gar nicht so abwegig.

«Weiß ich noch nicht.» Sie grinste auch.

«Egal, wer es ist, damit wirst du ihn kriegen.»

«Sicher?»

«Absolut.»

«Dann nehme ich es.»

«Es gibt nur ein Problem», wandte Franziska ein.

«Was denn?»

«Fändest du es blöd, wenn ich mir das Gleiche kaufe?»

«Überhaupt nicht. Es ist ja kein Kleid, wer sieht das schon?»

«Na ja, die obere Spitze sollte man im Dekolleté schon erkennen, sonst ist es ja sinnlos.»

«Ich habe nichts dagegen.»

Franziskas Augen blitzten auf. Sie verschwanden in ihren Kabinen und trafen sich an der Kasse wieder.

«Fehlt noch Wellness bei Jette», meinte Sandra, als sie glücklich den Laden verließen.

«Will sagen?»

«Warte es ab.»

Das Pediküre-Studio von Jette Ingwersen mit dem plattdeutschen Namen «Alln's för de Fööt» war auf der Insel schon eine Institution gewesen, bevor Fußreflexzonenmassage in den großen Städten modern wurde. Der Salon befand sich in einem kleinen Haus aus dem neunzehnten Jahrhundert. Früher waren hier mal Fische verkauft worden.

«Das Studio wurde gegründet, als wir beide geboren wurden», stellte Franziska beeindruckt fest.

«Also rein?»

«Ich bin gespannt.»

Sandra öffnete die Tür und ließ Franziska den Vortritt. Die Wände des Raumes waren in erdigen Farben gehalten, es gab vier Sessel, an einer Wand hing ein Nolde-Druck. Einmal im Monat gönnte sich Sandra hier eine intensive Behandlung.

«Moin, ihr zwei», begrüßte Jette sie herzlich. Die gelernte Masseurin war eine sportliche Mittfünfzigerin mit hellblond gefärbten kurzen Haaren und braunem Teint. Sandra wusste, welch unglaubliches Wissen sie über Füße und deren Verbindung zum restlichen Körper hatte. Sie konnte mit ihrer Fußmassage Spannungen in den entlegensten Zonen lösen, es war unglaublich. Nebenbei, und das war nicht unwichtig, war sie eine hervorragende Kosmetikerin.

«Zweimal Füße», erklärte Sandra knapp.

«Jo», antwortete Jette.

Mehr musste nicht gesagt werden. Franziska sah so aus, als wenn sie noch etwas brauchte, um zu Jette und ihrem Laden Vertrauen zu fassen. Die beiden setzten sich nebeneinander auf zwei Sessel. Wenn sie sich zum Fenster drehten, konnten sie durch einen Häuserspalt direkt auf die dunkelblaue Nordsee sehen. Jette ließ heißes Wasser in zwei Porzellanschüsseln laufen und gab etwas Öl dazu.

«Und wie geht es jetzt weiter?», fragte Franziska.

«Erst mal Füße in die Schüssel», wies Jette sie an und brachte ihnen einen frischen Tee in zwei weißblauen friesischen Tassen. Schon das warme Wasser und der Tee taten so was von gut!

Langsam wirkte auch Franziska entspannter. «Ich glaube, nach unserer gemeinsamen Shopping-und-Wellness-Tour werde ich auch mit meinem Roman wieder besser vorankommen.»

«Wirst du etwa diese Fußpflegeszene in dein Buch einbauen?», fragte Sandra augenzwinkernd.

«Wer weiß? Nein, vor allem ist meine Stimmung jetzt besser. Na ja, mühsam ernährt sich das Eichhörnchen.»

Diesen Spruch hatte Sandra das letzte Mal von ihren Eltern gehört. Spontan beschloss sie, ihnen mal wieder eine Ansichtskarte von der Insel zu schreiben, das machte sie etwa alle zwei Wochen, ein kurzer Gruß in Druckbuchstaben. Ihre Eltern freuten sich immer sehr über diese Lebenszeichen, neben den Telefonaten, verstand sich.

«Wenn du erst mal Jonathan Brown begegnest, wird dich das sicher beflügeln. Vielleicht kommt ihr ja sogar ins Gespräch, und er kann dir mit ein paar Profitipps weiterhelfen.»

«Ich weiß noch nicht mal, wo er wohnen wird. Aber ich werde ihn finden – und wenn ich die ganze Insel absuchen muss.»

«Hey, ein echter Fan!»

Franziska lachte. «Ich weiß, ich klinge wie eine Stalkerin.»

«Die Suche kannst du dir sparen, außerdem hast du noch ein bisschen Zeit», sagte Sandra. «Brown kommt erst am Wochenende.»

Franziska blickte sie neugierig an. «Woher willst du das wissen?»

Sandra lächelte geheimnisvoll. «Weil er bei mir wohnen wird.»

Franziska lachte herzhaft, für sie war das nur ein blöder Spruch. «Klar doch.»

«Okay, er wird nicht bei mir im Zimmer einziehen. Aber im selben Haus, bei meinem Vermieter.»

Franziska glaubte ihr immer noch nicht. «Wieso bitte sehr sollte Brown ausgerechnet in dein Haus kommen?»

«Weil mein Vermieter Meinhard Gerke ist, der …»

Franziska riss die Augen auf. «Verleger Gerke?»

«Genau.»

«Ich fasse es nicht! Du wohnst echt bei Meinhard Gerke?»

«Ja.»

«Wahnsinn! Es wäre ein Traum für mich, Gerke zu treffen und ihm meinen Roman vorzustellen.»

«Das kann ich gerne vermitteln.»

«Echt? Das würdest du tun?»

«Klar, wir sind doch in einem Lesekreis. Gerke veranstaltet nächsten Samstag eine Party für Brown, vielleicht wäre das was für dich.»

Franziskas Oberlippe zitterte vor Aufregung. «Wann ist das?», stöhnte sie.

Eigentlich hatte Sandra nicht vorgehabt, auf das Fest zu gehen – was sollte sie da auch? Die Gäste kamen sämtlich aus dem Buchhandel, plus etliche Journalisten. Die waren alle nicht ihre Kragenweite. Und mit dem großen Brown würde sie sich ohnehin nicht verständigen können, weil sie kein Englisch konnte. Mal abgesehen davon, dass sie kein einziges Buch von ihm kannte.

Franziska kniff Sandra in den Unterarm. «Noch mal zum Mitschreiben: Gerke feiert nächsten Samstag eine Party, und … Brown wird da erscheinen?»

«Da lernst du dann sowohl Brown als auch Gerke kennen.»

«Meinst du das ernst?»

«Wenn ich es doch sage.»

Für eine angehende Autorin wie Franziska war die Party natürlich eine einmalige Chance. Und für sie, Sandra, war es ein Leichtes, sie dorthin mitzunehmen. Sie könnte ja immer noch früher verschwinden und Franziska das Feld überlassen.

Franziska umarmte sie vom Nachbarsessel aus und fing an zu singen. «Ich treffe Brown und Gerke, ich treffe Brown und Gerke!» Dabei spritzte sie wild mit den Füßen im Wasser herum.

Sandra grinste. Ausgerechnet jemand wie sie brachte eine angehende Autorin mit einem Verleger und einem weltberühmten Schriftsteller zusammen, das war eigentlich ein Witz.

Jette kam um die Ecke. «Alles klar bei euch?»

«Ich werde reich und berühmt!», rief Franziska übermütig.

«Das nützt mir denn ja auch», bemerkte Jette trocken.

«Wieso das?», fragte Franziska.

«Weil ich dann doppeltes Honorar nehmen kann.»

«Von wegen!»

Jette schüttelte den Kopf. «So reich dann doch nicht,

was?» Sie kniete sich auf eine kleine Bank vor Franziskas Sessel und trocknete ihr behutsam die Füße ab.

«Was kann ich denn für dich tun?», fragte Jette.

Franziska verstand nicht. «Wie jetzt?»

«Wo sitzt es bei dir gerade? Nacken, Schulter, Nieren, Darm …?»

«Ich dachte, es geht um meine Füße …»

«Lass Jette mal machen», riet ihr Sandra.

Franziska überlegte nicht lange. «Tja, wenn du mich so fragst, mein Nacken ist immer sehr verspannt.»

Jette hielt ungefähr eine halbe Minute lang Franziskas großen Zeh gedrückt, dann wiederholte sie das Gleiche beim kleinen Zeh und anschließend in der Mitte des Fußes.

Franziska stöhnte genussvoll auf. «Wahnsinn, mein Nacken fühlt sich gleich viel entspannter an! Wie kann das sein?»

«Na? Habe ich zu viel versprochen?», fragte Sandra.

Jette lächelte.

Zehn Minuten später war Sandra dran. Auch bei ihr ging die Massage durch den ganzen Körper.

Am Schluss kam die Pediküre. Nachdem sie beiden die Nägel sorgfältig gesäubert und gefeilt hatte, fragte Jette: «Welche Farbe soll es werden? Oder für jeden Zeh etwas anderes?» Sie zeigte ihnen eine riesige Farbpalette. Sowohl Franziska als auch Sandra entschieden sich für das schönste Kirschrot.

Jette legte mit ihrem hochfeinen Pinsel los, sie arbeitete langsam und äußerst sorgfältig. Die beiden Frauen waren entzückt von dem Ergebnis, wobei Franziska fand, dass ihr Fuß etwas zu breit sei, und Sandras schlanke Füße lobte.

«Du spinnst», mischte sich Jette ein, die sich sonst bei der Arbeit mit Kommentaren zurückhielt. «Die meisten Kundinnen würden sich nach deinen Füßen sehnen.»

Damit war das geklärt.

Während sie warteten, dass der Lack trocknete, kam Franziska wieder auf ihr Thema zurück. «Ich versuche gerade, mich zu erinnern, ob Jonathan Brown in seinen Büchern irgendwelche Frauenfiguren mit besonderen Frisuren erwähnt.»

«Wieso das?»

«Ich möchte ihm auf Anhieb gefallen, das muss eine Punktlandung werden.»

«Bloß, dass du nie rausfinden wirst, ob die Frisuren, die er beschreibt, auch seinem persönlichen Geschmack entsprechen. Aber wenn ihr Seelenverwandte seid, ist das sowieso unwichtig.» Sandra sah, wie Jette leicht die Augen verdrehte. Im Stillen grinste auch sie in sich hinein.

Nach der Pediküre standen sie noch kurz draußen zusammen. Jette hatte Wunder bewirkt, beide fühlten sich von Fuß bis Kopf wie neu.

«Ich habe das Gefühl, ich gehe ganz anders», stellte Sandra fest und schritt mit ausgebreiteten Armen übers Pflaster.

«Was immer du heute vorhast, es wird dir gelingen», prophezeite Franziska lachend.

«Wenn du es sagst. Was machst du jetzt?»

«Ich springe an meinen Laptop und schreibe einen Bestseller – und du?»

«Ich weiß noch nicht.»

Sie umarmten sich und stiegen auf ihre Räder.

Wohin es Sandra jetzt zog, brauchte Franziska nicht zu wissen. Sie fühlte sich wunderbar und wollte Björn sehen, selbst wenn es nur für ein paar Minuten war.

11.

So schnell wie möglich fuhr Sandra aus der Inselhauptstadt heraus. Sonst zog es sie meist zur großen Düne, aber jetzt war ihr Ziel die Inselmitte. Sie fuhr durch die nördliche Marsch, die frei, offen und sattgrün vor ihr in der Sonne lag. Hier gab es nur sie und den riesigen Himmel über ihr. Der Rückenwind gab ihr Schwung, wie von selbst flog sie über die glatt geteerte Straße. Selbst auf dem Rad spürte sie, wie entspannt sich ihr Körper nach Jettes Behandlung anfühlte. Als sie auf die Dorfstraße von Midlum abbog, wurde sie richtig aufgeregt.

Kurz vor dem ziegelroten Gebäude der Grundschule zischte sie an einem parkenden Passat Kombi vorbei. Wie aus dem Nichts fuhr ihr ein roter Blitz in die Augen. Erst danach entdeckte sie das Radargerät, das neben der Straße aufgebaut war. Ein Stückchen weiter stand Ellen in Uniform und schwenkte ihre Kelle.

«Hier ist Tempo dreißig», rief sie mit gespielter Strenge.

Sandra bremste ab. «Ich habe 'ne Sondergenehmigung», keuchte sie. Ihre Haare wehten ihr von hinten ins Gesicht. Sie warf einen verstohlenen Blick auf den Schulhof. Er war leer und still, anscheinend war gerade Unterricht.

«Wie das?»

«Ich bin Mitglied im Lesekreis!»

«Dann ist das okay.»

Sandra stellte ihr Rad ab und ließ sich auf einer Bank am Bürgersteig nieder, sodass sie in derselben Windrichtung wie Ellen saß. Jetzt wehten ihrer beider Haare nach hinten.

«Und sonst?», erkundigte sie sich.

«Siehste ja, ich bin auf Fischfang.» Ellen streckte genüsslich die Arme in die Luft.

«Schon Beute gemacht?»

«Von dir abgesehen?»

«Wie viel hatte ich denn drauf?»

«Dreiunddreißig.»

Sandra schüttelte bekümmert den Kopf. «Ich war schon schneller – werde ich etwa alt?»

Jetzt gab Ellens Kollege im Passat per Funk einen weiteren Temposünder durch. Ellen sprang auf und stoppte mit ihrer Kelle einen großen Trecker, an dessen Reifen eine Menge Morast klebte. Der Landwirt hielt zwar an, machte aber keine Anstalten, den Motor auszustellen oder gar abzusteigen.

«Das ist nicht dein Ernst, oder?», blaffte er Ellen an.

«Mann, Brar, du donnerst hier mit über vierzig an der Schule vorbei. Was ist, wenn ein Kind …»

Brar blickte auf seine Uhr. «Sind die nicht gerade im Unterricht?»

«Und wenn nicht?»

Darauf wusste er natürlich keine Antwort. «Mensch, bei mir im Stall kalbt eine Schwarzbunte, da muss ich schnell hin.»

«Und das fällt dir erst jetzt ein?», fragte Ellen ungläubig.

«Ja.»

«Dann komme ich mit und packe an, ist doch klar.»

Brar war total verblüfft, als Ellen sich zu ihm auf den Trecker schwang.

«Los!», rief Ellen.

Seine Behauptung war mit Sicherheit eine Notlüge gewesen. Gleich im Stall würde es peinlich werden.

«Okay, schick mir die Rechnung», brummte er.

Grinsend stieg Ellen wieder ab, und er tuckerte brav mit dreißig weiter.

Sandra fand es äußerst unterhaltsam, was hier vor der Schule an Straßentheater geboten wurde. «Wichtiger Termin» war eine häufige Ausrede von Temposündern, vor allem von Urlaubern aus der Stadt. Was auf der Insel, wo alles in ein paar Minuten erreichbar war, wenig zog. Sehr kreativ fand sie auch einen jungen Familienvater, der meinte, sein Tempomat sei auf dreißig eingestellt gewesen, der starke Westwind habe ihn aber von selbst schneller werden lassen, ohne dass er etwas dafür konnte. Herrlich!

Zur vollen Stunde ertönte ein schrilles Klingeln aus der Schule. Endlich Pause! Sandra fühlte sich elektrisch geladen, gleich war es so weit. Kurze Zeit später strömte ein wuseliges Knäuel von Grundschulkindern auf den Schulhof.

Und mittendrin Björn!

Ihr Herz klopfte schneller, als sie ihn entdeckte. Sie hatte sich wirklich ein bisschen in ihn verliebt, ein bisschen *sehr* sogar. Es konnte natürlich gut sein, dass er auf der Insel längst eine Frau kennengelernt hatte. Bestimmt waren einige hinter ihm her.

Jetzt entdeckte Björn sie ebenfalls und kam lächelnd an den Zaun. «Das ist ja eine nette Überraschung!»

Plötzlich wehten ein paar Zettel vom Schulhof herüber. Reaktionsschnell eilte Sandra hinterher und fing sie ein, dem letzten musste sie länger hinterherlaufen, was ihr gegen den starken Wind einiges abverlangte. Ziemlich außer Atem drückte sie Björn schließlich die Papiere in die Hand. «Hier, sonst hätten deine Schüler nichts mehr zum Lernen.»

«Danke», sagte er und hielt lächelnd eins der Blätter hoch. «Erinnerst du dich? Rechnen für Anfänger, das kleine Einmaleins.»

«Klar.»

Er zeigte auf ein anderes Blatt. «Und das sind die ersten Schritte beim Lesenlernen. Wenn du das draufhast, landest du vielleicht irgendwann im Lesekreis.»

Er reichte ihr einen Zettel, auf dem bunte Bilder und Begriffe in Großbuchstaben zu sehen waren.

Sandra wurde ganz anders. Sie konnte auf die Schnelle kein einziges Wort entziffern. Noch bevor sie wusste, was sie sagen sollte, stürzte ein schluchzender Junge zu Björn und deutete auf seine Schürfwunde. Sein Unglück war ihr Glück: Björn musste sich sofort um ihn kümmern.

Es war sinnlos zu warten, bis er fertig war. Wohin sollte das Ganze denn auch führen? Dass sie beide sich bisher so gut verstanden hatten, basierte allein darauf, dass sie eine geübte Lügnerin war. Das würde sie nicht weit bringen.

Sie lief zu ihrem Rad.

«Willst du schon wieder?», fragte Ellen.

«Ich muss», behauptete Sandra. Sonst hätte sie womöglich noch zu heulen begonnen.

Zurück ging es gegen den Wind. Mächtige Böen drückten sich ihr entgegen, sie kamen ihr wie eine zusätzliche Demütigung vor. Als sie endlich die Inselhauptstadt erreicht hatte, fuhr sie auf direktem Wege zur kleinen Inselbuchhandlung.

Buchhändlerin Greta saß gerade vor dem Wintergarten in ihrem Strandkorb, ausnahmsweise hatte sie mal keine Kunden.

«Moin, Sandra», grüßte sie freundlich.

«Moin.»

Greta sah sie besorgt an. «Ist was passiert?»

«Nee, gar nichts.» Sandra wurde richtig schlecht.

«So siehst du aber nicht aus.»

Merkte man ihr das so deutlich an?

«Hast du jemandem erzählt, was mit mir ist?», fragte Sandra. Greta war, neben ihrer Tante Hille, der einzige Mensch auf der Insel, der von ihrem Geheimnis wusste. Nicht einmal Gretas Freund war eingeweiht – hoffentlich.

«Nein, natürlich nicht!»

«Das ist gut.»

«Wie du das mit dem Lesekreis hinkriegst, ist mir ein Rätsel», flüsterte Greta. «Aber du bekommst es irgendwie geregelt, Respekt.»

Sandra winkte ab. «Ich schummele mich halt durch, wie immer.»

«Klingt bitter.»

Sandra nickte und wischte sich eine Träne aus dem linken Auge. «Ich bin echt am Ende.»

«Was ist denn passiert?»

Sandra traute sich nicht, Greta anzuschauen. Stattdessen starrte sie an ihr vorbei auf den Strand, wo ein paar Jugendliche Volleyball spielten. Ihr kamen wieder die Tränen. «Es muss aber absolut unter uns bleiben.»

«Klar.»

«Schwöre es.»

Greta hob die Hand. «Ich schwöre.»

«Die Sache ist die ... ich habe mich verliebt», flüsterte Sandra.

Greta lachte. «Aber das ist doch wunderbar! Wieso weinst du dann?»

«Keine Ahnung.»

«Kenne ich ihn?»

«Björn», krächzte sie.

«Der neue Schulleiter in Midlum? – Toller Typ, herzlichen Glückwunsch!»

Sandra winkte ab. «Es ist aussichtslos, das weiß ich selbst.»

«Wieso denn? Hat er das gesagt?»

Sandra trommelte mit den Fingern auf ihren Knien herum. «Er bringt kleinen Kindern Lesen und Schreiben bei. Die sind sechs Jahre alt und können mehr als ich.»

«Weiß er Bescheid?»

«Bist du wahnsinnig? Außer dir und Tante Hille weiß es niemand!»

Greta nickte. «Und jetzt?»

«Das frage ich dich.»

Greta nahm ihre Hand. «Es liegt an dir.»

«Was soll ich denn tun?»

«Wenn du ihn kriegen willst, musst du lesen und schreiben lernen.»

Sandra schaute Greta erschrocken an. Sie hatte in den letzten Jahren natürlich hin und wieder an so etwas gedacht. Aber immer, wenn irgendwo ein Kurs stattgefunden hatte, musste sie arbeiten. Okay, zugegeben, an den Uhrzeiten allein hatte es nicht gelegen, ihr hatte vor allem der Mut gefehlt.

«Das sagst du so einfach.»

«Jetzt ist der Moment gekommen, findest du nicht?»

«Auf der Insel gibt es keinen Leselern-Unterricht für Erwachsene. Dafür müsste ich aufs Festland gehen.»

«Nein, das brauchst du nicht. *Ich* bringe es dir bei.»

«Du?»

«Ich habe mir mal aus Neugier Material zu dem Thema im Netz angeguckt.»

«Nein, das möchte ich nicht.»

«Ich mache es auch nicht umsonst», erklärte Greta.

Sandra war überrascht. «Was soll es denn kosten?»

«Du putzt dafür einmal in der Woche meine kleine Inselbuchhandlung.» Sie lächelte. «Aber nur den hinteren Teil, in dem du die Bücher nach Farben geordnet hast.»

«Hast du Angst, dass ich den Wintergarten mit den Neuerscheinungen auch noch durcheinanderbringe?»

«Offen gesagt: Solange du nicht lesen und schreiben kannst, ja. In ein paar Wochen können wir dann über den Wintergarten reden.»

Sandra war kurz ein bisschen beleidigt, aber dann musste sie Greta recht geben. Trotzdem kam das Angebot sehr plötzlich. «Ich überlege es mir.»

«Was gibt es da zu überlegen?» Jetzt schien Greta beleidigt.

«Weiß ich auch nicht.»

«Was für ein bescheuerter Gedanke sollte mein Angebot zunichtemachen?»

«Keine Ahnung.»

«Ich habe keine Lust, dir hinterherzulaufen», stellte Greta klar. «Jetzt oder nie!»

«Ich weiß, dass es nett gemeint ist, Greta», sagte Sandra. «Aber ich muss auf der Fähre gerade viel arbeiten. Und das im Schichtdienst, da bleibt wenig Zeit.»

«In den Lesekreis gehst du auch, ohne dass es dir zu viel wird», erwiderte Greta. «Ich behaupte ja nicht, dass es ein Zuckerschlecken für dich wird. Aber wenn es jemand schafft, dann du! All die Energie, die du fürs Schummeln verwendest, musst du nur an die richtige Stelle umleiten.»

«Gib mir bitte eine Nacht Bedenkzeit.»

«Aber nicht eine Minute länger. Entweder sagst du dann zu, oder wir reden nie wieder darüber.»

Als Sandra mit dem Rad zurückfuhr, verspürte sie vor allem Angst.

12.

Weißer Seenebel verhüllte die Insel wie ein Vorhang. Die Sonne dahinter konnte man nur erahnen. Sandra stand früh auf und beschloss, einmal um die gesamte Insel zu laufen. Vielleicht wusste sie hinterher genauer, was mit ihr los war und was sie tun sollte. Nach dem Frühstück startete sie am Strand vor ihrer Haustür und lief direkt zu der großen Düne, auf der Björn ihr vorgelesen hatte. Dort aalte sie sich ein paar Minuten in der Sonne und dachte an ihn. Der stetige Wind vom Meer blies den Sand gegen ihre Knöchel.

Dann ging sie weiter. Die Dünen wurden nun niedriger, links von Sandra schlugen die Wellen an den Strand. Plötzlich brach die Sonne durch, und sämtliche Farben explodierten. Der mächtige Seedeich, der sich an die Dünen anschloss, leuchtete in sattem Grün. Dahinter streckte sich die Marsch aus, hier und da gespickt mit Bäumen, die vom Westwind nach Osten gebogen wurden. Sie stieg auf die Deichkrone, von der aus sie weit ins Land schauen konnte. Die Windmühlen drehten sich gemächlich, die Kühe grasten auf den Weiden. Einige schauten mit ihren großen Augen kurz hoch, als Sandra auf dem Deich erschien. Eine Zeitlang flog eine Möwe neben ihr her, landete vor ihr auf dem Weg und wartete auf sie, um dann wieder in die Luft zu steigen. Alles fühlte sich mit einem Mal leicht und schön an.

Konnte sie, wenn sie Gretas Angebot annahm, überhaupt noch glücklicher werden, als sie es gerade war? Wenn sie sich wirklich darauf einließ, war erst einmal Stress angesagt, das war klar. Die Insel würde grau werden und ihr Kopf schwer wie Blei. Sie war das Lernen überhaupt nicht gewohnt. Greta würde bestimmt Geduld mit ihr haben, aber Sandra würde sich trotzdem immer unter Druck gesetzt fühlen. Das half ihr mit Björn auch nicht weiter, im Gegenteil.

War in den letzten Wochen nicht alles wunderbar gelaufen, auch ohne dass sie lesen und schreiben konnte? Sie hatte sich geschmeidig wie ein Fisch im Wasser gefühlt und war über sich selbst hinausgewachsen. Dass sie das Schiffsrestaurant als Kellnerin alleine geschmissen hatte, hätte sie sich vorher nicht vorstellen können. Und beim Farben-der-Insel-Vortrag im Lesekreis hatte ihr Gedächtnis wie ein Uhrwerk funktioniert. Die jahrelange Übung im Auswendiglernen hatte eine kleine Meisterin aus ihr gemacht. War das etwa nichts?

Überhaupt war der Lesekreis ein Geschenk des Himmels. Mit anderen über Romane zu reden, fühlte sich fast an wie Verliebtsein. Wie hätte sie jemals damit rechnen können, dass das klappen könnte? Wieder musste sie an Björn denken, sein Lachen, seine wachsamen, strahlenden Augen. Und dann wurde ihr klar: Nur für ihn sollte sie Gretas Angebot annehmen, denn das war ihre einzige Chance, ihm näherzukommen. In Gedanken war sie die ganze Zeit bei ihm.

«Bist du öfter hier am Strand?», fragte er sie.

«Es ist der schönste Platz auf dieser Erde.»

«Finde ich auch.»

«Ich würde nie von der Insel weggehen.»

«Das geht auch nicht!»

«Warum nicht?»

«Meinetwegen. Ich möchte hier mit dir alt werden.»

Sie hielt die Luft an und starrte aufs Meer. Dass es mit Björn ganz anders ausgehen würde, war viel wahrscheinlicher.

«Vielleicht muss ich bald von hier wegziehen», würde sie ihm mitteilen.

Nur um zu testen, wie er reagierte.

«Ach schade, es war echt nett mit dir», antwortete er beiläufig. «So viele, die sich für einen Lesekreis interessieren, gibt es auf der Insel auch wieder nicht. Na dann, mach's gut.»

Sandra schüttelte sich. Sie sollte sich keinen Illusionen hingeben. Selbst wenn sie lesen und schreiben lernte – Björn hatte Abitur gemacht und studiert! Sie konnte sich nicht im Entferntesten vorstellen, was auf einer Uni gelehrt wurde. Nur eines wusste sie sicher: dass sie davon niemals etwas verstehen würde. Auch wenn sie also lesen und schreiben konnte, würde so einer wie er sich doch niemals auf ihr Niveau begeben. Sie hätten gar keine gemeinsamen Themen, sie würde ihn einfach nur langweilen. Dann konnte sie es mit Gretas Nachhilfestunden aber auch gleich lassen und sich den Stress sparen.

In diesem Moment stieg eine ungeheure Wut in ihr auf: Warum hatte sie nicht, wie alle anderen Menschen auch, früher mit dem Lesen- und Schreibenlernen angefangen? Dann hätte sie dieses Problem jetzt gar nicht.

Mit abziehendem Wasser machte Sandra sich auf den Weg nach Hause. Das Wattenmeer vor Gerkes Reetdachvilla wurde von der Nachmittagssonne eindrucksvoll in Szene gesetzt, der Meeresboden leuchtete hell auf. Es war windstill und fast ein bisschen zu warm. Bald würde ein Gewitter kommen, es wurde immer wärmer und schwüler. Vorher musste sie unbedingt noch mal ins Meer und eine Runde schwimmen.

Auf ihrem Schreibtisch lag eine Ansichtskarte mit einem Bild vom Wattenmeer bei Sonne, die sie eigentlich noch einstecken wollte. Aber das hatte Zeit bis morgen, auf einen Tag mehr kam es ihren Eltern nicht an.

Als sie bei Gerkes Villa um die Ecke bog, staunte sie. Der Garten war bevölkert von mehr als hundert Menschen! Damen in kurzen Cocktailkleidern kletterten über die seegrasbedeckten Hügel, die Herren trugen helle Anzüge ohne Schlips. So ein Mist, heute war ja das große Fest! Das hatte sie vollkommen vergessen!

Sie seufzte. Das Schwimmen fiel jetzt wohl aus. Im Bikini zwischen den Partygästen durchzulaufen, wäre etwas unangebracht gewesen. Aber auch in normaler Kleidung hatte sie keine Lust, sich unters Volk zu mischen. Gerke hatte sie zwar immer zu seinen Partys eingeladen, aber normalerweise ging sie nicht hin. Was sollte sie da auch? Alle hatten von Berufs wegen mit Lesen und Schreiben zu tun, mehr noch, sie zählten zur Elite. Wenn es so etwas wie das Gegenteil von ihr gab, dann waren es diese Menschen!

Nein, sie würde sich auch heute heimlich in ihre Wohnung schleichen und der illustren Gesellschaft fernbleiben.

Aber dann fiel ihr ein, dass sie Franziska etwas versprochen hatte. Wenn sie es schon nicht für sich selbst tat, dann musste sie wenigstens ihr Wort halten. Für Franziska war diese Party nämlich die Gelegenheit, ihrem Traum ein Stück näher zu kommen.

13.

Sandra huschte in ihre Wohnung, duschte schnell und überlegte, was sie anziehen sollte. Sie entschied sich für das türkisfarbene Sommerkleid, das sie beim Bedienen auf der Fähre getragen hatte. Es war perfekt bei den hohen Temperaturen und sah gut aus, ohne aufdringlich zu sein, darin fühlte sie sich wohl.

Wo blieb Franziska nur? Sie hatten sich vorhin per WhatsApp um sieben verabredet, und es war bereits zwanzig nach. Sie rief noch mal an, aber es meldete sich nur die Mailbox. Franziska würde doch wohl keinen Rückzieher machen? Draußen wurde es immer wärmer, die Luft war schwül. Sie musste dringend raus aus der Wohnung.

Erst einmal hielt sie sich etwas abseits und schaute sich das Treiben aus der Entfernung an. Alle waren elegant, aber nicht überkandidelt gekleidet: schicke Kleider, keine Schlipse. Die Leute verteilten sich zwischen den Hügeln, die Eike mit seinem Radlader geformt hatte. Insgesamt war jetzt weniger Platz als vorher auf der Rasenfläche, was fürs Kennenlernen vorteilhaft war: Man stand in den Tälern und auf den Hügeln automatisch näher zusammen, manchmal rutschte man auf einer Schräge fast auf den anderen drauf. Allein dadurch kam man schnell ins Gespräch.

Auch wenn sie unter anderen Umständen nicht hierhergekommen wäre – Berührungsängste mit den Gästen hatte sie keine. Sie sah sie nicht anders als früher die Kunden des Autoscooters. Gleich würden sie in die kleinen Wagen steigen und losrasen. Gerke würde seinen Verlagsleiter mit Vollgas anrempeln, die Praktikantin würde ihren Abteilungsleiter ins Visier nehmen. Sandra hatte im Autoscooter jeden Tag mit Tausenden von Besuchern zu tun gehabt: von jung bis alt, von reich bis arm, von dumm bis schlau – mit allen war sie klargekommen. Warum sollte sie hier Probleme haben? Die Frage, wer wirklich cool und wer nur ein Blender war, konnte sie beantworten, bevor jemand auch nur ein Wort gesagt hatte. Die Körpersprache verriet alle, egal, was sie darstellen wollten. Genau das hatten ihr Mamu und Papu beigebracht, und dafür war sie ihnen dankbar.

Gerke hatte ein dunkelblaues Jackett über sein rosa Hemd gezogen, das Einstecktuch fehlte auch heute nicht. Er zwinkerte ihr freundlich zu und nahm sie kurz beiseite.

«Ich habe Brown Fotos vom Garten geschickt», raunte er ihr zu und reichte ihr ein Glas Sekt, das eine Kellnerin auf einem Tablett anbot. «Er war begeistert. Vielleicht weiß ich jetzt etwas genauer, warum er so tickt, wie er tickt.»

«Und?»

Gerke lächelte und senkte die Stimme. «Brown ist einfach komplett irre. Aber die Leute lieben ihn genau deswegen, und ich verdiene mit ihm eine Menge Geld. Das ist die ganze Wahrheit.» Er wischte sich mit einem Stofftaschentuch den Schweiß von der Stirn.

Durch die Schwüle glänzten auch die Gesichter der anderen Gäste. Draußen auf dem Meer braute sich bereits etwas zusammen, die Wolken am Horizont wurden immer dunkler.

«Kommt er denn heute Abend noch?», fragte sie.

«Nein, aber das muss unter uns bleiben. Ich habe ihn nicht offiziell angekündigt, also muss ich auch nichts dementieren. Aber er will unsere schöne Insel auf jeden Fall besuchen. Ich habe heute mit seinem Agenten in New York telefoniert. Stellen Sie sich vor, der Typ hat ein Büro im sechsundzwanzigsten Stock, mit Blick über den Hudson River!»

«Neidisch?»

«Sind Sie wahnsinnig? Der hat da nicht mal einen Balkon, um frische Luft zu schnappen, eine Horrorvorstellung! Nee, mein Ausblick aufs Wattenmeer ist nicht zu toppen. Und wenn ich mein Haus verlasse, ist vor der Tür auch keine sechsspurige Straße, auf der Millionen Psychopathen unterwegs sind.»

«Wann genau will Brown denn nun kommen?»

Gerke legte die Stirn in Falten. «Das ist noch nicht ganz klar. Zuletzt war er in Grönland, von dort ist es ja nur ein Katzensprung zu uns.»

Man hätte es auch so ausdrücken können: Das ewige Eis war dem Meister offenbar wichtiger als sein deutscher Verleger. Innerlich tobte Gerke vor Wut, so gut kannte Sandra ihn. Falls Brown gar nicht auf die Insel käme, hätte er seinen englischen Garten ganz umsonst vernichtet …

«Auf jeden Fall hat er als Entschuldigung dafür, dass er nicht zur Party kommt, zu einer öffentlichen Lesung auf unserer Insel zugesagt. Ich werde den Termin übermorgen bekannt geben, in drei Wochen geht es los. Das wird ein Riesending!»

«Darf ich diese Info schon mal auf der Insel streuen?» Franziska würde die Nachricht aufsaugen wie Löschpapier, da war Sandra sich sicher.

Gerke hob lächelnd die Hände. «Ich weiß von nichts.» Dann kletterte er auf den höchsten Hügel vor der Terrasse.

«Ich bitte um Ihre geschätzte Aufmerksamkeit», rief er.

Irgendwo schlug jemand mit einem Löffel gegen ein Glas. Alle wurden still.

«Ich weiß, meinen Garten haben Sie anders in Erinnerung, aber hier sehen Sie, was eine einzige Sturmflut anrichten kann. Im Wattenmeer verändert sich eben alles permanent, man könnte sagen, die Welt ist in Bewegung – und das zeigt sich auch in meinem Verlag. Aus diesen Seegrashügeln wird Neues entstehen, und wir dürfen gespannt darauf sein. Wie auf unser Herbstprogramm, das ich Ihnen heute exklusiv vorstellen möchte. Ich verspreche Ihnen, Sie werden viele Überraschungen erleben! Und das feiern wir – ich wünsche Ihnen viel Vergnügen.»

Gerke war eben ein Marketingprofi, der alles zu seinem Vorteil ummünzen konnte. Die Sturmflut-Erklärung hätte er sich allerdings sparen können, dachte Sandra, denn die Aktion mit dem Radlader hatte sich längst auf der Insel rumgesprochen und würde auch hier die Runde machen. Daher hatten die anwesenden Insulaner auch nur mit dem Kopf geschüttelt: So etwas Bekloptes fiel eben nur Städtern ein. Sie selbst würden ihre Gärten notfalls mit der Schrotflinte gegen so einen Unsinn verteidigen, selbst wenn drei Promis aus Amiland auf einmal kämen.

«Jonathan Brown wird nachher noch vorbeischauen», hörte Sandra einen älteren Schauspieler mit Sonnenbrille einer jüngeren Frau zuraunen. Er spielte den Chefarzt in einer TV-Arztserie und benahm sich hier genauso wichtigtuerisch wie vor der Kamera. Sandra stand zufällig direkt neben ihm.

«Manometer – so hochkarätig?», kickste die Frau.

Ein Autor wie «JB» wertete die anderen Gäste offenbar gigantisch auf. Der spielte in der Weltliga und sie dann logischerweise auch! Sandra zählte fünf Fotografen, die zwischen den Hügeln herumwieselten, außerhalb des Grundstücks waren bestimmt noch mal drei Paparazzi-Kollegen in Stellung gegangen.

Sie blickte auf ihr Handy. Wo blieb Franziska nur? Langsam wurde sie sauer; derart zu spät zu kommen war nicht nett. Ein graumelierter Mann mit großen Zähnen und schwarzer Brille stellte sich mit seinem Glas Sekt neben sie. Er war aus irgendeinem Grund der Einzige hier, der nicht zu schwitzen schien.

«Das Affigste, was wir in den letzten Jahren erlebt haben, war die Regietheaterdiskussion, finden Sie nicht auch?», beschwerte er sich bei ihr.

Manche Leute lebten wirklich in einer seltsamen Welt, und dann auch wieder nicht: Nach zwei, drei Gläsern Sekt waren sie auf demselben Level wie ihr Kollege vom «Breakdancer» und andere Schausteller auf dem Jahrmarkt, wenn sie zu viel gehabt hatten. Leider faselte der Mann neben ihr nicht weiter, sondern wartete offensichtlich auf eine Antwort.

«Schwierig», antwortete sie vage. Sie wusste überhaupt

nicht, was sie sich unter «Regietheater» vorstellen sollte, es war ihr auch vollkommen egal.

«Schwierig?», der Mann schien aufgebracht. «Was da für Köpfe gerollt sind, wegen nichts!» Dann sah er ihr in die Augen. «Sie sind doch auch aus dem Medienbusiness?»

«Nee, ich mache in Schiffen», antwortete Sandra.

«Ah, Reederei! – Fracht oder Passagiere?»

«Beides.»

«Also ein Mischkonzern?»

«Kann man so sagen.»

Zum Glück meldete sich in diesem Moment Franziska auf Sandras Handy. Sie warf dem Mann einen entschuldigenden Blick zu und ging dran.

«Hi, ich stehe draußen vor der Tür. Was muss ich tun, um reinzukommen?», fragte ihre neue Freundin.

«Das Passwort für die Türsteher lautet ‹Schimmelreiter›», raunte Sandra.

Zwei Minuten später stand Franziska vor ihr. Endlich. Allerdings hätte Sandra sie fast nicht wiedererkannt. Sie war auffällig geschminkt und trug einen rosa Sommerrock zur weißen Bluse, was vielleicht eine Spur zu mädchenhaft für ihr Alter war. Unter ihrem Arm klemmte eine große Mappe.

«Was ist das?», fragte Sandra.

«Das sind die ersten hundert Seiten von meinem Roman. Ich will sie Herrn Gerke gleich in die Hand drücken.»

«Aber doch nicht auf der Party!» Sandra gelang es nur schwer, ihr Entsetzen zu unterdrücken.

«Du hast selbst gesagt, dass es hier nur ums Geschäft geht.»

«Kann schon sein, aber du kennst ihn doch gar nicht. Gib die Mappe am besten mir, ich übergebe sie Gerke, wenn er den Kopf dafür frei hat. Heute Abend ist das sicher nicht der Fall.»

Sollte eine Werbe-Expertin aus der Medienstadt Hamburg das nicht besser wissen als eine Putzfrau von der Insel? Sandra nahm ihr das Manuskript ab.

«Was machst du damit?», fragte Franziska.

«Ich bringe es in meine Wohnung und stelle dir Gerke erst einmal vor.»

Franziska nestelte sich nervös durchs Haar. Sandra staunte: Sie kannte die große Welt doch bestens, wieso verhielt sie sich dann wie eine Anfängerin? Mit der Mappe huschte Sandra in ihre Wohnung, legte sie dort auf dem Schreibtisch ab und war zwei Minuten später wieder bei Franziska. Die war in der Zwischenzeit von dem Regietheatertypen gesichtet worden, der sie gerade volltextete. Franziska schien froh, dass sie nicht alleine dastand. Großer Fehler, Mädchen, dachte Sandra, dieser Angeber wird dich nicht weiterbringen. Im Gegenteil: Der sucht selber Leute, die ihm einen Job verschaffen.

«Ich muss sie eben entführen», entschuldigte sich Sandra freundlich, aber bestimmt bei dem Schwätzer und zog Franziska in Richtung Gerke.

Der Moment schien günstig. Ihr Vermieter war gerade damit beschäftigt, bei einem Kellner ein weiteres Glas Wein zu ordern, und stand für einen Augenblick alleine da.

«Herr Gerke?» Sandra trat neben ihn, Franziska im Schlepptau. «Darf ich Ihnen Franziska Heitmann vorstellen? Franziska, das ist Meinhard Gerke.»

Gerke setzte sein Standard-Partylächeln auf. «Angenehm.»

«Mit Frau Heitmann haben Sie die Chance, die Lücke bei den Nachwuchsautorinnen zu schließen», erklärte Sandra mit einem Augenzwinkern. Sie wunderte sich selbst, wie leicht ihr das von den Lippen kam.

Gerke wirkte irritiert: «Lücke bei den Nachwuchsautoren?»

Er klagte stets darüber, dass er pro Jahr ungefähr zweitausend unverlangt eingesandte Manuskripte bekam, die meisten davon waren komplett unverkäuflich.

«Sie ist gut», raunte sie ihm ins Ohr.

Gerke sah Franziska nun genauer an. «Ich lese gerne mal etwas von Ihnen», versprach er freundlich. Dann tauchte er wieder ab in die Menge.

Sandra und Franziska holten sich ebenfalls ein Glas Wein vom Tablett und gingen gemeinsam zur Strandkante. Das Wasser lief gerade ab.

«Du hast eben sehr viel für mich getan, Sandra. Danke, danke, danke!»

«Vielleicht wird dein Roman ja ein Bestseller.»

Franziska winkte ab. «Erst einmal wäre ich froh, wenn er überhaupt gedruckt wird.»

«Natürlich wird er das!»

Franziska schluckte. «Klar.»

«Du hast dir die ganze Arbeit doch nicht gemacht, damit dein Text im Altpapier landet, oder? Denk an die Harry-Potter-Autorin. Von der Sozialempfängerin bis zur reichsten Frau Englands, die hat jetzt mehr Geld als die Queen. Und das ist kein Märchen!»

«Ein Bruchteil ihres Erfolgs würde mir genügen.»

Sandra schüttelte den Kopf. «Mit einer Million würdest du auskommen?»

Franziska überlegte. «Na ja, wenn ich mich extrem einschränke ...» Sie nahm Sandras Hände und schaute ihr in die Augen. «Das kann ich nie wiedergutmachen, Sandra.»

«Ich habe doch gar nichts gemacht.»

«Von wegen!» Franziska blickte sie amüsiert an. «Du kannst es übrigens ruhig zugeben ...!»

Sandras Magen verkrampfte sich vor Schreck. Hatte Franziska irgendetwas bemerkt? War sie enttarnt? Woher wusste sie das?

«Was zugeben?», fragte sie.

«Na, dass du in Wirklichkeit Lektorin bist. Deswegen hast du auch so viel Ahnung von Geschichten und kennst Gerke. Los, gib es zu!»

Ging das schon wieder los?

«Es ist wirklich reiner Zufall, dass ich hier wohne.»

Franziska grinste. «Das sagst du bestimmt nur, weil sonst alle was von dir wollen. Ich akzeptiere es auch und halte die Klappe, versprochen.»

Was sollte sie dazu noch sagen?

«Aber einen guten Autor kenne ich, der kommt in drei Wochen *wirklich* auf die Insel.»

«Nein!»

«Doch, Brown höchstpersönlich.»

Franziska fiel ihr quietschend um den Hals.

Vom Meer rückte eine schwarze Wolkenfront heran. Es war noch wärmer geworden, obwohl es bereits dunkel wurde. Da würde gleich was runterkommen, das war klar.

Auf den Gesichtern der Gäste schimmerte ein dünner Schweißfilm.

Sandra und Franziska mischten sich wieder unter die Leute. Irgendwann gesellte Greta sich zu ihnen. Sie trug einen dunkelblauen Hosenanzug, den sie öfter auch in ihrer Inselbuchhandlung anhatte und der ihr richtig gut stand. Gerke erkannte sie und begrüßte sie mit Küsschen links und rechts. Er wollte sich mit dem örtlichen Buchhandel gutstellen, zumal Greta in der Hauptsaison auf der Insel mehr seiner Bücher verkaufte als manche Riesenbuchhandlung in der Großstadt in einem Jahr.

Franziska schien ihr Glück nicht fassen zu können. Es war schon das zweite Mal an diesem Abend, dass sie neben dem Gastgeber stand. Unauffällig stieß sie Sandra in die Seite.

«Stimmt es eigentlich, dass eine Putzfrau Ihre Bücher aussortiert und nach Farben wieder einsortiert hat?», erkundigte Gerke sich kichernd bei Greta.

Sandra zuckte zusammen. Was passierte jetzt?

«Putzfrau stimmt nicht ganz», erwiderte Greta. «Da war eine große Künstlerin mit einem untrüglichen Gefühl für Farben am Werk.» Sie warf Sandra einen verschwörerischen Blick zu. «Sehr sensibel. Außerdem reden seitdem alle über meine Buchhandlung, etwas Besseres konnte mir gar nicht passieren.»

«Das ist ja wirklich eine ungewöhnliche Idee. Aber wie findet man da je einen Titel wieder?»

«Interessanter ist eher, sich zu fragen, was einem vorher entgangen ist. Und was man beim Stöbern noch so findet, wenn man nicht immer das Alphabet im Kopf hat.»

«Der Weg ist das Ziel?», fragte Gerke und lächelte.

Greta nickte. «In diesem Fall ja.»

Sandra atmete auf. Das war noch mal gutgegangen. Soso, sie war also eine Künstlerin. Außerdem hatte sie heute einen wichtigen Kontakt zwischen einer angehenden Autorin und einem Verleger hergestellt. Das gelang noch nicht mal vielen, die lesen konnten. Es war genau wie im Autoscooter, die Menschen hier waren vor allem mit sich selbst beschäftigt und zogen nur eine Show ab. Was «Regietheater» wirklich war, interessierte niemanden. Langsam fühlte sie sich pudelwohl in ihrer Haut.

In der düsteren Wolkenwand waren nun die ersten Blitze zu sehen. Ein starker Wind fegte durch den Garten. Die Gäste schnappten sich ihre Taschen und Gläser und flohen nach drinnen, um das Naturspektakel durch die riesige Glasfront zu beobachten. Der gesamte Himmel war pechschwarz, die Aussicht auf die Nordsee von hier aus unschlagbar.

Erst zerfetzte ein heftiger Donner die Luft, dann rumorte es wie wild. Das Ganze wiederholte sich mehrmals kurz hintereinander. Da erhellte ein gigantischer Blitz den Himmel. Das Meer leuchtete auf. Mit einem Mal goss es wie aus Eimern, der Regen prasselte ohrenbetäubend auf die Markise über der Terrasse. Es war ein irres Schauspiel.

Wieso sollte sie sich eigentlich das Leben vermiesen lassen, dachte Sandra und nahm einen Schluck aus ihrem Glas. Wozu sich freiwillig unnötigen Stress mit dem Lesekurs antun? Es klappte doch alles bestens.

14.

Am nächsten Nachmittag stieg Sandra vor der Promenade in die Nordsee und schwamm eine Runde im Meer. Wenn sie mit dem Kopf unter Wasser tauchte, befand sie sich in einer stillen, kühlen Welt, die ihr vertraut war und sie entspannte. Falls sie in einem nächsten Leben ein Fisch werden sollte, hätte sie nichts dagegen.

Bis dahin musste sie aber an Land klarkommen, und das war gerade nicht einfach. Ihr Hochgefühl von der Party war schnell wieder verflogen. Wie sie es drehte und wendete, sie musste sich ihrem Problem stellen, jetzt oder nie. Greta bot ihr die Chance ihres Lebens, wenigstens eine Schnupperstunde sollte sie sich geben. Falls es zu schlimm wurde, konnte sie ja jederzeit abbrechen. Sie schwamm zurück in Richtung Strand, direkt auf die kleine Inselbuchhandlung zu.

Nachdem sie sich abgetrocknet und umgezogen hatte, hielt sie kurz inne. Sie hatte große Angst vor dem, was gleich passieren würde. Was war, wenn sie sich total blamierte und kein Wort zustande bekäme – weder beim Lesen noch beim Schreiben? Das war nicht abwegig nach all den Jahren! Sie blickte auf den Strand, der voller Menschen war. Alle wollten den Sommertag bis zum letzten Sonnenstrahl nutzen. Es war immer noch angenehm warm, einige tobten, andere lagen nebeneinander im flachen Wasser und unterhielten sich. Wie gerne hätte Sandra sich wie einer von ihnen gefühlt.

Im letzten Monat war sie unglaubliche fünfunddreißig Jahre alt geworden, und bis jetzt war sie einigermaßen durchgekommen. Gut, etwas anderes als Putzfrau hätte sie sich vorstellen können, da wäre vielleicht mehr drin gewesen. Aber wahrscheinlich war es längst zu spät für einen kompletten Neuanfang, daher wollte sie nicht klagen.

Als sie sich der Buchhandlung näherte, sah sie Wiebke vom Modestübchen angeregt mit Greta plaudern. Es war doch schon kurz vor Ladenschluss, wie lange wollte die denn noch bleiben? Sandra setzte sich auf die Kante der Promenade. Nach einer Weile verließ Wiebke die Inselbuchhandlung und winkte Sandra freundlich zu.

«Moin, Sandra!»

«Moin.»

Erst als Wiebke die Promenade runter Richtung Altstadt schlenderte, erhob sie sich. Jetzt war es so weit. Gleich würde Greta die nackte Wahrheit über sie erfahren: Sie war der klassische Fall von «große Klappe und nichts dahinter». Ihre Schlagfertigkeit würde ihr nicht weiterhelfen; entweder, sie konnte ein Wort lesen, oder eben nicht. Mit gesenktem Kopf huschte Sandra in den Wintergarten. Greta erwartete sie bereits hinter der Kasse.

«Moin, da bist du ja.»

«Kannst du bitte die Tür abschließen?» Der Gedanke, dass jemand sie erwischte, machte sie halb wahnsinnig.

«Es ist Feierabend, da kommt niemand mehr», sagte

Greta und drehte den Schlüssel zur Wintergartentür um. Hinter der Kasse fischte sie einen Karton mit Büchern und Karteikarten hervor.

«Nicht hier, bitte!» Sandra war entsetzt.

«Aber hier ist um diese Zeit am meisten Licht.»

«Und wenn mich jemand sieht?»

«Okay.»

Greta schob sie nach hinten zur Leseecke im Büchertempel, ausgerechnet! Genau hier traf sich auch der Lesekreis, in dem Sandra so tat, als hätte sie das Lesenlernen schon lange hinter sich. Aber das würde sie jetzt nachholen. Vielleicht jedenfalls.

Greta hatte grünen Tee gekocht. Sie zündete eine Kerze für das Stövchen an, stellte die Kanne darauf und servierte den Tee in den dünnwandigen Tassen mit friesischem Muster. Dazu stellte sie zwei kleine Schnapsgläser auf den Tisch und schenkte beiden eine braune Flüssigkeit ein.

«Ich glaube, einen Manhattan vorweg können wir gut haben, oder?»

«Manhattan» war das Nationalgetränk der Insel, jeder hier hatte ihn in einer eigenen Mischung trinkbereit im Schrank stehen. Der Cocktail bestand zu gleichen Anteilen aus rotem und weißem Wermut und einem Teil Bourbon, dazu kamen Angosturabitter und eine Cocktail-Kirsche.

«Ist das beim Lernen denn erlaubt?»

«Wir sind hier nicht in der Schule», entgegnete Greta. «Außerdem bist du ja wohl volljährig.»

Das entspannte Sandra etwas, sie stießen an.

«Sünjhaid!»

«Sünjhaid!»

«Wie hast du all die Jahre ohne Lesen und Schreiben überlebt?», wollte Greta wissen.

Viele Menschen in diesem Land vermuteten, dass nur irgendwelche Naturvölker im Dschungel nicht lesen und schreiben konnten. Weil es ja bei uns genug Schulen gab, in denen Lehrer wie Björn einem das beibrachten. Trotzdem rutschten immer noch eine Menge Menschen durch alle Netze, so wie sie. Insgesamt waren es in ganz Deutschland mehrere Millionen, hatte sie mal im Radio gehört. Es hatte keinen Sinn, Greta etwas vorzumachen. Sie wusste ja sogar darüber Bescheid, wie sie sich durch den Lesekreis mogelte. Also erzählte Sandra ihr, wie es damals bei ihr gelaufen war, und offenbarte dabei ganz ehrlich und offen ihre ausgefeilten Tricks und Lügen, von der Schulzeit bis heute.

«Und das ist nie jemandem aufgefallen?», fragte Greta.

«Dass jemand nicht lesen und nicht schreiben kann, vermutet einfach niemand.»

Greta schien sie dafür fast zu bewundern. «Das heißt aber, im Auswendiglernen bist du ein Genie! Und deine Tricks sind äußerst kreativ. Wieso hast du diese Energie nicht direkt aufs Lesenlernen angewendet?»

«Ich habe gedacht, das hat bei mir keinen Zweck.»

«Unsinn.» Greta nahm einen Stapel Papier in die Hand. «Vorweg muss ich dich aber warnen, ich bin zwanzig Jahre Flugbegleiterin gewesen, dann habe ich diese Buchhandlung aufgemacht. Ich bin also keine Lehrerin. So etwas wie das hier habe ich noch nie gemacht. Aber ich gebe mein Bestes.»

«Danke, dass du es überhaupt probierst mit mir.»

«Wenn meine Fähigkeiten nicht reichen, sollten wir uns das ehrlich eingestehen. Dann musst du aufs Festland.»

«Also gut, dann mal los.»

«Kennst du das Alphabet?», fragte Greta.

«Ja, das schon.»

«Sag es bitte mal auf.»

Genügte es nicht, dass sie es bestätigt hatte? Sandra fühlte sich leicht beleidigt, so schlimm stand es nun auch wieder nicht um sie. Das Alphabet konnte sie natürlich. Nur um keine schlechte Stimmung aufkommen zu lassen, fing sie an: «A, B, C, D …»

Doch schon beim L verhedderte sie sich. Das durfte nicht wahr sein, wieso fiel ihr nicht mehr ein, wie es weiterging? Sie war einfach zu aufgeregt, und es war zu lange her. Wie peinlich, viele Kinder konnten das schon vor der Einschulung! Vor Scham liefen ihr abwechselnd heiße und kalte Schauer über den Rücken. Am liebsten hätte sie auf der Stelle alles hingeschmissen. Aber das ging jetzt nicht mehr.

Greta half ihr geduldig bei jedem Buchstaben, an dem es haperte, über die Hürde, dann übten sie wieder alles von vorne. Es war so anstrengend, dass Sandra richtig Kopfschmerzen bekam. Umso erleichterter war sie, als Greta nach etwa einer Stunde den ersten Kurs für beendet erklärte. Sandra bedankte sich bei ihr, doch Greta winkte nur ab. Dann huschte Sandra aus dem Haus.

Jetzt ging es erst mal weiter zur Nachtschicht auf die Fähre. Als sie an Bord war, brummte ihr Kopf immer noch. Darunter mischte sich aber das gute Gefühl, etwas erreicht zu haben.

Sie war ganz alleine an Deck und nahm sich zuerst die Böden in den Gängen vor. Dabei hörte sie Gretas Anweisungen wie ein Echo nachhallen: «Nimm das M wie einen guten Freund und brumm es mit geschlossenem Mund vor dich hin.» Plötzlich entdeckte sie überall Buchstaben und Silben, die sie gerade gelernt hatte und die ihr nun wie Freunde vorkamen.

Sie ließ sich Zeit und entzifferte Schilder, die sie jahrelang geputzt, deren Aufschrift sie aber nie verstanden hatte. «Bit-te-kei-ne-Mö-wen-füt-tern-auf-dem-Au-ßen-deck.» Um das zu entziffern, brauchte sie zwar mehrere Minuten, aber es war ein unbeschreiblich gutes Gefühl.

Doch dann entdeckte sie doch wieder ein Wort, das Frust auslöste. Was sie auch probierte, es ergab keinen Sinn. Was, bitte sehr, sollte tig-h-ten heißen? Sie bekam die einzelnen Buchstaben auch nach einem Dutzend Versuchen nicht zu einem Wort zusammen. Anscheinend war sie doch zu dumm. Schließlich fasste sie sich ein Herz und lief zu Hinnerk ins Restaurant.

«Sag mal, weißt du, was das bedeutet?» Sie zeigte ihm einen Zettel, auf dem sie das Wort notiert hatte.

Hinnerk nickte. «*Tighten* ist englisch, es heißt befestigen. Das steht auf den Rettungsbojen auf dem Deck, nicht?»

Auf Englisch war sie überhaupt nicht gekommen. Wie auch, wenn sie nicht mal ihre Muttersprache konnte?

Von nun an war Sandra nicht mehr zu bremsen. Sie wollte alles lernen – und zwar sofort! Netterweise war Greta bereit, auf acht Stunden in der Woche zu erhöhen. Es war wie bei einer Diät: Wenn man erst mal den richtigen Dreh gefunden hatte, war es wie ein Rausch, und man konnte gar nicht mehr aufhören.

Die neuen Silben und Wörter wurden ihre Droge. Auch wenn Greta Pausen anmahnte, damit sich das Gelernte setzen konnte, lernte Sandra morgens, abends und nachts. Freizeit brauchte sie nicht mehr.

Erst am Abend vor dem nächsten Lesekreis fiel ihr ein, dass sie ja auch noch die Fortsetzung der «Farben der Insel» vorbereiten musste. Alle hatten sie gedrängt, die Geschichte von Carola Jensen weiter vorzulesen. Dazu musste Sandra sich erst mal überlegen, wie es weiterging. Und das dann auch noch auswendig lernen. Das erste Mal in ihrem Leben schrieb sie einzelne Wörter aus ihrer Geschichte auf, aber das gelang ihr nur bei einigen und brachte sie nicht weiter.

Irgendwann war es drei Uhr nachts, an Schlaf war trotzdem noch nicht zu denken. Sie verließ ihre Wohnung und wanderte über den zerklüfteten Garten mit seinen unzähligen Hügeln an den Strand. Ein leichter Nachtwind zog übers Watt. Es war gerade Ebbe, das Mondlicht schien über den Schlick. Die Riffelungen des Meeresbodens und das silbern schillernde Wasser in einem Priel waren deutlich zu erkennen. Obwohl sie total müde war, spann sie ihre Geschichte im Kopf weiter und fühlte sich hinterher wieder hellwach.

15.

Am nächsten Morgen saß Sandra schon gegen halb sechs am Frühstückstisch und las noch einmal in dem Übungsheft, das Greta ihr mitgegeben hatte. Allein, dass sie sich das sagen durfte, ohne zu lügen: Sie las! Als es an der Tür klopfte, schrak sie hoch. Sie öffnete, und vor ihr stand Gerke. Heute trug er einen hellblauen Anzug und darunter ein weißes T-Shirt. Er tänzelte aufgeregt vor ihr auf und ab.

«Kommen Sie doch bitte mal, Frau Malien, ich muss Ihnen etwas zeigen.»

Gemeinsam gingen sie ums Haus. Gegenüber der Villa, auf der anderen Straßenseite, befand sich eine große Werbetafel, die immer wechselnd mit Waschmittel-, Auto- oder Handywerbung sowie zu Wahlkampfzeiten mit Parteienreklame plakatiert wurde. Heute klebte da ein Spruch, der aussah wie selbst gemalt.

«Ist das nicht irre?», fragte Gerke.

Sandra versuchte die Buchstaben zu entziffern, aber so schnell ging das dann auch noch nicht. Immerhin, ein kleines m in der Mitte erkannte sie sofort, dann ein o, davor ein R: Sie bekam das Wort «Roman» zusammen.

«Tut mir leid, ich habe meine Kontaktlinsen noch nicht drin», behauptete Sandra. «Was steht denn da?»

«Das Glück wohnt gleich hier hinterm Deich», las Gerke. *«Franziska Heitmann schreibt einen Roman für Sie, Herr Gerke. Rufen Sie einfach unter folgender Nummer an …»*

Sandra war beeindruckt, Franziska gab wirklich Gas. «Die Idee ist super, oder?», fragte sie. «Man mietet sich die Werbewand gegenüber dem Haus eines Verlegers und wirbt für sich. Sie fahren jeden Tag daran vorbei und können es gar nicht übersehen.»

Gerke nickte. «Es ist aber auch ziemlich aufdringlich, finden Sie nicht?»

«Muss gute Werbung das nicht sein, wenn sie funktionieren soll?»

«Stimmt auch wieder. Ich werde jetzt trotzdem nicht zum Hörer greifen, um ihren Text anzufordern.»

«Das müssen Sie gar nicht. Der Roman liegt in meinem Zimmer, den kann ich Ihnen geben.»

«Sie kennen die Autorin?»

«Ich habe Ihnen Frau Heitmann auf der Brown-Party vorgestellt.»

Die Bezeichnung «Brown-Party» war eine kleine Spitze, denn der Meister war ja gar nicht erschienen. Gerke überging den Seitenhieb und rieb sich am Kinn. Immerhin hatte es ja ein Happy End, der Autor würde bald auf der Insel öffentlich lesen.

«Oje, da waren so viele Menschen, ich erinnere mich gar nicht mehr an sie.»

«Groß, blond, sehr schlagfertig. Sie müssen ihr Manuskript wenigstens einmal anlesen!»

«Eigentlich habe ich gar keine Zeit dazu.»

«Aber den Sportpunkt sollten Sie ihr geben.»

«Was schreibt sie denn so?»

«Lassen Sie sich überraschen. Auf jeden Fall kommt sie aus der Werbebranche und kennt sich hervorragend mit dem aus, was das Publikum denkt und fühlt.»

«Das spricht schon mal für sie.»

Sandra lief in ihre Wohnung, holte den Packen mit den ersten hundert Seiten von Franziskas Roman und übergab ihn Gerke.

«Was halten *Sie* denn von ihrem Text?», fragte er.

Statt einer Antwort zwinkerte Sandra ihm zu.

Nachdem sie Bikini und Sommerkleid angezogen hatte, radelte Sandra zur kleinen Inselbuchhandlung. Die Strandkörbe waren nur mäßig besetzt, gerade war Ebbe, sodass man nicht baden konnte. Im Touristenbüro hatte ein Gast kürzlich seine Reisekosten zurückgefordert, weil das Wasser hier einmal am Tag wegging. Das war natürlich unter den Insulanern rumgegangen, sie hatten sich sehr amüsiert.

Bei der Buchhandlung angekommen, machte Sandra sich sofort an die Arbeit. Heute war der hintere Teil des Gebäudes dran, der Büchertempel. Das Regaleabstauben war die vereinbarte Gegenleistung für die Leselernstunden. Mit ihrem neu erworbenen Minimalwissen konnte Sandra inzwischen sogar einige Titel entziffern, was teilweise ernüchternd war: Vorher hatte sie alles für bedeutsam gehalten, jetzt musste sie entdecken, dass auch einiges an Schwachsinn veröffentlicht wurde.

Sie musste sich beeilen, denn gleich würden die anderen kommen. Damit meinte sie natürlich vor allem: *Björn* und die anderen. Trotz des Lernstresses hatte es in den letzten Tagen viele Momente gegeben, in denen sie an ihn gedacht hatte. Ihre Lesestunde in den Dünen war ihr wie ein Paradies vorgekommen. Wie er sie wohl fand?

Nicht ganz unsympathisch, hoffte sie. Und wenn doch? War es möglich, dass er sie nicht mochte und es nur nicht zeigen wollte?

Als Erste stürmte Franziska herein. «Sandra?», rief sie.

«Hier!», meldete sich Sandra. Es dauerte ein paar Sekunden, bis sie sich im Bücherlabyrinth gefunden hatten.

«Stell dir vor, mein Plakat vor Gerkes Haus hat Erfolg gehabt!»

«Sag bloß, er hat deinen Roman schon gekauft!»

Franziska hob abwehrend die Arme, aber sie strahlte. «Nee, ganz so weit sind wir noch nicht. Aber er hat mich angerufen und will den Text lesen.»

«Hast du den Rest denn schon fertig?»

«Noch nicht ganz. Aber wenn er die ersten hundert Seiten gut findet, wird er mehr davon haben wollen, oder? Und dann kann ich auch liefern.»

«Ich drücke dir beide Daumen.»

Franziska umarmte sie. «Stell dir vor, das wird was, Sandra! Das wäre Wahnsinn!»

In diesem Moment kamen Ellen, Jan und Andrea rein. Björn war der Letzte. Sandra warf einen unauffälligen Blick auf ihn. Er war anscheinend viel draußen gewesen, seine Haut war noch brauner geworden, was ihm hervorragend stand. Zur Begrüßung umarmten sie sich, es fühlte sich schön an, vor allem roch er unglaublich gut. Das war ziemlich aufregend.

Ihr Treffen in den Dünen schrie eigentlich nach einer Wiederholung. Aber im schlimmsten Fall würde er sie dann bitten, ihm etwas vorzulesen. Deshalb musste das vorerst nur ein Traum bleiben.

Inzwischen hatten alle ihren Stammplatz eingenommen. Sandra saß unter dem Bullauge gegenüber von Björn, das Tageslicht fiel auf sein Gesicht. Sie musste sich anstrengen, ihn nicht dauernd anzustarren.

«Wie fandet ihr die Fortsetzung vom ‹Deichmörder›?», fragte Björn in die Runde.

Sandra hatte immer ein bisschen die Befürchtung, dass die anderen irgendwelche Theorien aufrollen könnten, die sie nicht verstehen würde. Doch es kam verblüffend anders.

«Mich haben die Landschaftsbeschreibungen von Hendrik Berg sehr an deine Carola Jensen erinnert», meinte Ellen.

«Kannst du uns jetzt noch ein Stück daraus vorlesen?», bat Andrea. «Ich bekomme davon nicht genug.»

Franziska grinste. «Ich würde vor allem gerne mal sehen, was dein Ex da so ins Buch geschrieben hat.»

Sandra lachte. «Geht dich das was an?»

Franziska zog ein gespielt-unschuldiges Gesicht auf. «Hier im Lesekreis haben wir doch keine Geheimnisse voreinander, oder?»

Sandra stellte sich kurz vor, dass Mamu und Papu sie jetzt sehen könnten. Wie würden sie wohl reagieren? Staunen? Sie ermahnen, ehrlich zu sein? Oder wären sie stolz auf sie?

Sie zückte ihr grün eingeschlagenes Buch, setzte die Brille auf und trug das Kapitel vor, das sie sich in der Nacht zuvor im Mondlicht ausgedacht hatte. Immer noch hatte sie große Angst davor, aufzufliegen. Zumal sie es nicht geschafft hatte, alles bis ins Kleinste vorzuformulieren. Ihren Text zu improvisieren kam ihr vor wie ein Hochseiltanz ohne Absicherung:

Wenn ich die Augen schließe und ganz vorsichtig atme, höre ich das Schmatzen des Dunkelgrüns, den Gesang der Dünen, die Solostimmen der gelben Blumen, das lachende Meeresblau. Dazu scheint die Sonne verschwenderisch auf alles herab. Unter dem Blätterdach der Laubbäume ist es ein paar Grad kühler, was einigen sehr entgegenkommt …

Irgendwann brach ihre Konzentration mitten im Satz ab. Sie setzte die Brille ab und schaute in die Runde.

«Bitte weiter», rief Andrea. Sandra klappte das Buch zu, mehr auswendig zu lernen hatte sie nicht geschafft. «Nächstes Mal.»

«Was machen wir nächstes Mal überhaupt?», fragte Ellen.

Sandras Mission war es nun, zu verhindern, dass alle wieder eine einzige Geschichte lesen sollten, die es nicht als Hörbuch gab. «Ich finde, wir schauen uns die Farben der Insel zusammen vor Ort an», schlug sie vor. «Lasst uns gemeinsam ins Watt gehen!»

«Super Idee!», rief Franziska.

«Ist das nicht zu gefährlich?», fragte Andrea, die ursprünglich vom Festland kam.

«Ach was, das ist klasse», fand Ellen. «Wenn man auf der

Insel wohnt, macht man das komischerweise viel zu selten. Wir könnten rüber zur Nachbarinsel laufen.»

«Und hinterher denkt sich jeder eine Geschichte aus, die im Watt spielt», schlug Björn vor. «Die lesen wir uns dann vor.»

Genau das hatte Sandra beabsichtigt. Denn das war mit Auswendiglernen auch für sie machbar.

«Einverstanden?», fragte Ellen.

Gemeinsam etwas zu schreiben und vorzutragen war neu und begeisterte alle erst einmal. Es setzte natürlich voraus, dass man sich traute, den anderen die eigenen Texte vorzutragen. Das konnte lächerlich wirken, aber das Risiko musste man eingehen.

«Wir könnten unsere Geschichten sammeln und als Buch rausbringen», schlug Franziska vor. «Was haltet ihr davon?»

Sandra schluckte, damit war sie wieder aus dem Spiel. Jedenfalls so lange, bis sie noch nicht fließend schreiben konnte.

«Übertreib mal nicht gleich», grummelte Jan.

«Mich setzt das zu sehr unter Druck», wandte Andrea ein.

«Mich kickt das eher», hielt Franziska dagegen. Sie kam halt aus der Werbung und war Konkurrenz gewohnt.

Björn blieb skeptisch. «Welcher Verlag sollte uns wohl rausbringen?»

«Ach was, kein Verlag», sagte Franziska. «Wir drucken ein paar Exemplare für uns und lassen sie in edles Leder binden. Das ist eine schöne Erinnerung. Außerdem ist es ein tolles Geschenk für Freunde und Verwandte.»

«Oder wir stellen es ins Internet», schlug Ellen vor.

«Also, ich bin nur zum Spaß hier», wehrte Sandra ab. «Das Internet kann mich mal.»

Alle lachten.

Sie diskutierten noch eine ganze Weile über die beiden Texte, dann verabschiedeten sich Andrea, Jan und Ellen. Sandra harrte aus und ließ den Blick über die Bücherregale wandern. Wobei sie sich nicht einmal bemühte, die Titel zu entziffern, das interessierte sie gerade gar nicht.

Als Franziska auch endlich gegangen war, blieb nur noch Björn übrig – wie erhofft. Wahrscheinlich war es von seiner Seite aus reiner Zufall. Oder nicht?

«Schade, dass ich letztens auf dem Schulhof nicht mehr Zeit hatte», setzte er an.

Das hörte sie gerne. «Hast du Lust auf ein Eis?», fragte sie.

«Immer.»

Sie schlenderten gemeinsam zu Elkes Pilzkiosk, bestellten zwei Erdbeerbecher mit Sahne und setzten sich damit auf den Rand der Promenade.

Es wäre zu schön, jetzt mit ihm erneut zur großen Düne zu radeln, dachte Sandra. Ein starker Rückenwind würde sie wie von selbst in die Marsch schieben, die Sonne ihnen den Weg leuchten. Ihre Haare wehten im Fahrtwind, goldgelbe Weizenfelder lösten sich mit Kuh- und Schafweiden ab. In der flachen Landschaft würden Björn und sie die höchsten Punkte sein.

«Ich fände es gut, wenn du unseren Lesekurs leitest», sagte Björn.

Sandra fiel vor Schreck fast die Eiswaffel aus der Hand. «Ich?»

«Du hast von uns die meiste Ahnung.»

«Auf gar keinen Fall!»

«Wieso nicht?»

«Ellen kann das viel besser als ich.»

Björn schüttelte den Kopf. «Ellen ist Spezialistin für Krimis, sie liest kaum etwas anderes.»

«Franziska?»

«Unter uns, du hast viel mehr gelesen als sie, das merkt man sofort.»

«Und du?»

«Ich bleibe dabei. Die Traumbesetzung wärest du.»

Hatte er wirklich gerade «Traumbesetzung» gesagt? Sandra schluckte.

«Abgesehen davon bist du mir noch etwas schuldig», fügte er lächelnd hinzu.

«Was genau?»

«Du wolltest mir auch mal etwas in den Dünen vorlesen.»

Irgendwann flog sie auf, das war klar. Aber noch nicht jetzt, bitte!

«Gerne», behauptete sie, obwohl sie wusste, dass sie dieses Versprechen bis auf weiteres nicht würde einlösen können.

«Ich freue mich schon drauf.»

Björns Stimme und seine Blicke brachten in ihr etwas zum Klingen, das sie lange nicht gespürt hatte. Wenn überhaupt schon jemals. Und das Meer, die Sonne und den Strand gab es als Zugabe, mehr ging nicht!

Trotzdem kam sie sich prüde vor wie in einem Film aus den fünfziger Jahren. Eins war klar: Damit aus Björn und ihr etwas werden konnte, musste sie noch schneller lesen und schreiben lernen. Das bedeutete, noch weniger schlafen, noch mehr arbeiten!

16.

Das erste Buch, das Sandra ganz lesen sollte, war eine vereinfachte Version von «Ziemlich beste Freunde». Ihr Vorteil dabei war, dass sie den Film kannte und daher wusste, worum es ging. Sie mochte die Geschichte des Kriminellen, der einen behinderten reichen Mann pflegte und ihm zu seiner Lebenslust zurück verhalf. Zumal es eine wahre Geschichte war.

Greta verlangte von Sandra, dass sie ihr laut vorlas, was sich anfangs ziemlich schrecklich anhörte. Es dauerte ewig, bis sie die Buchstaben zu Silben und die Silben zu einem Wort zusammengesetzt bekam. Sie stockte ständig, die Wörter hörten sich an wie rausgewürgt, die Sätze waren nur mit Wohlwollen zu erkennen.

«I-ch li-e-be Gl-ei-tsch-irm-Fliegen. I-ch ren-ne l-os u-n-d he-b-e ab. I-ch k-r-ei-se. San-ft lan-de ich au-f de-m Bo-den.»

Dann wurde es klarer und ging flüssiger: *«Wie ein Schmetterling auf einer Blüte.»*

Wort für Wort kämpfte sie sich mit Greta durch den Text. Es war unglaublich anstrengend, erst schafften sie in einer halben Stunde nur einen Absatz, dann eine halbe Seite, später eine ganze. Nach ein paar Tagen las sie bereits anderthalb Seiten – ihr persönlicher Rekord! Aber es war immer noch weit entfernt von ihren geschmeidig vorgetragenen «Farben der Insel», mit denen sie den Lesekreis erfolgreich geblendet hatte.

«Du kommst schnell voran», lobte Greta.

«Geht so. Ich würde es gerne noch schneller schaffen. Nur wenn ich richtig lesen und schreiben kann, habe ich bei Björn eine Chance.»

Es tat gut, mit Greta offen reden zu können.

«Das wird», meinte Greta.

«Na, dein Wort in Gottes Ohr!»

Zum Abschluss übten sie noch Rechtschreibung. Es kam ihr vor wie ein endloser Tunnel: Kaum hatte sie etwas gelernt, stand sie vor dem nächsten Problem. Würde das jemals enden? Schließlich packte Greta die Bücher zusammen und legte sie in eine Schublade unter dem Kassentisch.

«Und wenn jemand das dort findet?», fragte Sandra bange.

«Wer sollte denn meine Schubladen durchwühlen?», erwiderte Greta.

Sie hatte recht, von all dem Lernen war Sandra wohl leicht überempfindlich geworden.

«Komm, wir zwei haben heute noch was vor.» Greta ging zur Tür des Wintergartens.

«Was denn?»

Greta lächelte geheimnisvoll. «Ein kleiner Ausflug, der gehört zum Kurs.»

«Und wohin geht's?»

«Überraschung.»

«Ich möchte es aber gerne wissen.»

Greta sah auf ihre Armbanduhr. «Würdest du mir glauben, wenn ich dir sage, dass du in ungefähr einer Stunde perfekt schreiben kannst?»

«Mit Geld-zurück-Garantie?» Sandra lachte.

«Komm mit, ich zeig's dir.»

Sie schnappten sich ihre Räder und fuhren einmal quer durch die Inselhauptstadt. Im Hafen legte gerade die Fähre an, ein paar Autos und ein Molkereilaster rollten von Bord. Der bullige Bürgermeister Godbersen, dem das Fischgeschäft gehörte, plauderte mit Svantje vor deren Laden «Hemd und Höschen». Greta und Sandra winkten Jan zu, der gerade mit seinem Krabbenkutter auslief. Hinter Ellens Polizeirevier bogen sie ab und fuhren eine ganze Weile weiter. Erst vor dem letzten Haus am Stadtrand hielt Greta an. Gleich dahinter begannen die Felder und Weiden der Marsch.

«Hier sind wir richtig», rief Greta.

Sandra war erstaunt. Sie standen vor einem der kleinsten Reetdachhäuser, die sie je gesehen hatte. Bestimmt war es ein Feriendomizil.

Doch da irrte sie sich.

«Hier wohnt Keike Waygaard», erklärte Greta. «Sie ist eine sehr kluge Frau, musste aber kämpfen wie du, um ihren Platz im Leben zu finden.»

«Sie konnte auch nicht lesen?»

«Das kann man so sagen. Sie ist blind.»

«Was wollen wir bei ihr?»

Greta zwinkerte ihr zu. «Du wirst dich wundern.» Sie klopfte an die Tür. «Keike? Wir sind's, Greta und Sandra.»

Die Tür wurde geöffnet, und eine große, schlanke Frau trat ihnen entgegen, die ungefähr in ihrem Alter war. Sie trug ihre langen Haare offen. Ihre Jeans und das Daisy-Duck-T-Shirt hätten Gretas Tante Hille gefallen, die trug auch immer Shirts mit Comicfiguren.

Sie gaben ihr zur Begrüßung die Hand.

Keike lächelte, aber ihre Augen blieben starr. «Nur hinein in mein kleines Hexenhaus!», sagte sie.

Ihr Schlaf- und Wohnraum war ähnlich zweckmäßig eingerichtet wie Sandras Einliegerwohnung, vermutlich hatte auch sie das Haus möbliert gemietet. In einer Ecke gab es eine kleine Einbauküche und eine Tür, die ins Bad gehen musste. Es roch nach frischen Blüten, und ganz offensichtlich stand Keike auf Handschmeichler: Wirklich alle Türklinken waren mit Schafswolle überzogen. So etwas hatte Sandra noch nie gesehen.

Auf dem großen Tisch in der Mitte des Raumes stand ein eingeschalteter Laptop. Keike holte einen weiteren Stuhl und stellte ihn an den Tisch. Sie bewegte sich so sicher im Raum, als könnte sie alles sehen.

«Ich lasse euch am besten alleine», sagte Greta.

Sandra schaute sie irritiert an. So sympathisch sie Keike auf den ersten Blick fand, was sollte sie hier?

Doch Greta war bereits draußen. Sandra setzte sich neben Keike.

«Du kannst nur wenig lesen und schreiben?», fragte Keike.

Sandra schluckte. Was hatte Greta über sie erzählt?

«Ja, das ist wohl so.»

«Ich kann dir helfen, das zu ändern.»

«Wie das?»

Keike lächelte. «Ich zeige dir ein Computerprogramm, das dein Leben auf den Kopf stellen wird.»

«Klingt wie Trickbetrug.»

Keike reichte ihr einen Kopfhörer, an dem ein Mikrophon befestigt war. «Setz den bitte mal auf.»

Sandra stülpte sich den Kopfhörer über.

«Drück jetzt die Return-Taste am Laptop.»

«Okay.»

«Und dann sprich langsam etwas ins Mikro.»

«Was soll ich denn sagen? Mir fällt nichts ein.»

Auf dem Bildschirm erschienen Buchstaben. Sandra beugte sich vor und machte sich daran, sie zu entziffern. Vor Schreck bekam sie rote Ohren, denn dort stand genau das, was sie gerade gesagt hatte: «Was soll_ich_denn_sagen? Mir_fällt_nichts_ein.»

Sandra drehte sich erstaunt zu Keike, die zu ahnen schien, dass sie ihr den Blick zuwandte, und sie ebenfalls anschaute.

«Nicht schlecht, was?», sagte sie. «Ich kann den Text ja nicht sehen, ich höre mir alles immer nur an. Warte …»

Keike drückte die Taste, und eine blecherne Computerstimme wiederholte, was dort stand: «Was soll ich denn sagen? Mir fällt nichts ein.»

«Klingt nicht besonders schön», gab Keike zu. «Trotzdem ist der Sprach-Roboter mein bester Freund. Ich nenne ihn Theo.»

«Darf ich noch mal?», fragte Sandra.

«Aber ja, gerne! Es ist toll, oder?»

Sandra drückte erneute die Return-Taste und sprach

den ersten Satz ihrer Geschichte hinein: *Im Wattenmeer und auf der Insel gehörte alles zusammen, der Himmel, das Meer, die Häuser, das Gras auf den satten Marschweiden, die Gräben, die Sümpfe.*

Es erschien genau so auf dem Bildschirm.

Unglaublich!

«Das klingt sehr schön», sagte Keike. «Woher stammt das?»

«Von mir», murmelte Sandra, und in dem Moment wurde Keike die erste Person auf der Welt, die offiziell davon erfuhr.

Danach las sie den Satz noch einmal laut für sich. Sie erkannte die Wörter auf dem Bildschirm wieder – es war ein echtes Wunder! *Sie* hatte das geschrieben.

«Kann man das auch so hinschieben, dass die erste Seite aussieht wie in einem richtigen Buch?»

«Klar, wie heißt denn deine Geschichte?»

«*Farben der Insel.*»

Keike nahm ihr vorsichtig die Kopfhörer ab und setzte sie sich auf. Dann sprach sie langsam ins Mikro: «Titelseite. Autorin: Sandra Malien. Titel: Farben der Insel. Suche im Worldwideweb: Foto Wattenmeer.»

Keike drehte sich zu ihr. «Theo sucht dir jetzt ein Foto vom Wattenmeer im Internet raus.»

Was kurze Zeit später auf dem Bildschirm erschien, machte Sandra sprachlos. Dort standen ihr Name in Druckbuchstaben und der Titel ihrer Geschichte.

Sandra Malien
Farben der Insel

Darunter befand sich ein traumhaft schönes Bild vom Wattenmeer in der Abendsonne. Der schimmernde Ozean zog sich bis zum Horizont, ein paar Möwen flogen durch die Luft.

Sandra war so gerührt, dass ihre Augen feucht wurden.

«Wo bekomme ich so einen Laptop?», fragte sie heiser.

«Es ist deiner!», sagte Keike.

«Was?»

«Greta hat ihn mir abgekauft. Ich habe einen neuen bekommen.»

«Darf ich dich mal umarmen?», fragte Sandra.

«Na klar.»

Sandra drückte Keike an sich. «Du glaubst nicht, was das für mich bedeutet! Es verändert mein ganzes Leben.»

Keike lachte. «Was meinst du, wie es mir erst ergangen ist?»

Zum Abschied umarmte Sandra sie noch einmal und ging dann mit dem wertvollsten Schatz ihres Lebens nach draußen. Vor Keikes Haustür rief sie sofort Greta an, die Hand fest an die Tasche mit dem Laptop gedrückt.

«Na, was sagst du?», rief Greta.

«Wahnsinn!»

Greta lachte durch den Hörer. «Und? Habe ich dir zu viel versprochen?»

«Nein! Was kostet das Gerät? Ich möchte es auf jeden Fall bezahlen.»

«Das ist im Kurs inklusive. Ich freue mich für dich.»

«Danke, Greta.» Ihr standen wieder Tränen in den Augen.

Zu Hause in ihrem Zimmer stellte Sandra den Laptop auf den Schreibtisch und schaltete ihn ein. Dann setzte sie sich den Kopfhörer mit dem Mikro auf und legte los:

Im Wattenmeer und auf der Insel gehörte alles zusammen, der Himmel, das Meer, die Häuser, das Gras auf den satten Marschweiden, die Gräben, die Sümpfe …

Wie im Rausch sprach sie den gesamten bisherigen Text in das Gerät, ohne zu stocken oder sich zu versprechen, genau wie im Lesekreis.

Sie holte sich einen Piccolo-Sekt aus dem Kühlschrank, öffnete ihn und setzte sich damit am Schreibtisch vor den Bildschirm. Unfassbar, da stand ihre eigene Geschichte, Buchstabe für Buchstabe, Wort für Wort! Sandra las das erste Mal in ihrem Leben einen längeren Text auf dem Bildschirm, und es war ihr eigener!

Sie scrollte noch einmal zurück zum Titelbild. Ja, da standen immer noch ihr Name und der Titel. Es kam ihr vor wie eine Verheißung.

17.

Sandras Zimmer war am nächsten Morgen vollständig in ein zartes Gelb getaucht, damit kündigte sich ein neuer Sonnentag an. Sie hielt es keine Sekunde länger im Bett aus, denn das Aufregendste im ganzen Raum stand nur wenige Meter von ihr entfernt, direkt auf ihrem Schreibtisch: ihr neuer Glücksbringer, der Laptop, auf dessen Bildschirm immer noch der momentane Stand ihrer Geschichte zu erkennen war! Theoretisch konnten nun sogar andere Menschen ihren Text lesen, jedenfalls, wenn sie ihn ihnen zeigen würde. Was sie nicht vorhatte, darum ging es ihr gar nicht.

Nachdem sie einen liebevollen Blick auf das Gerät geworfen hatte, zog sie sich ihren Bademantel an und ging durch den Garten hinaus zum Strand, wo sie sich auf eine der blauen Liegen fallen ließ. Um diese Tageszeit sah die Welt noch unberührt aus: das spiegelglatte Meerwasser, der kreideblaue Himmel und die mattgelbe Sonne. Im Inselinneren leuchtete das Grün der Wiesen und Weiden. An diesem Morgen waren für Sandra alle Farben miteinander vereint, sie feierten ein Fest, weil sie zusammengehörten. Jede einzelne war Teil eines Gemäldes, das so groß war wie der Himmel. Dieses Bild veränderte sich ständig, das Rot brachte seine dunkleren Cousinen von den Ziegelsteinen der Häuser mit, die sich prächtig mit dem Meeresblau verstanden. Sie lachten nicht nur zusammen, sie mochten sich auch. Wie das Purpur des Himmels, das anfangs etwas überheblich auftrat, weil es im Wattenmeer so selten vorkam. Aber dann ließ es sich doch auf einen Tanz mit den blonden Weizenhalmen auf dem Feld neben Gerkes Grundstück ein. Dazu spielte der Wind sanft mit einer leichten Brise auf, sie tanzten zusammen eng: Da ging was!

Als Sandra zurück an ihrem Schreibtisch war, setzte sie sich sofort an den Laptop und hielt alles fest, was ihr durch den Kopf ging. Den ganzen Vormittag diktierte sie immer wieder neue Wörter, zwischendurch auch mal alberne wie «Schneeschüttelbildreiniger». Immer wenn eins ihrer Wörter auf dem Bildschirm erschien, freute sie sich wie verrückt, sie konnte gar nicht genug davon bekommen.

Später radelte sie mit dem Laptop im Rucksack in die kleine Inselbuchhandlung und ließ sich ihre Geschichte gleich zweimal von Greta ausdrucken, ohne dass die sehen durfte, um was für einen Text es sich handelte. Was sie auch okay fand. Ein Exemplar sollte bei Sandra zu Hause liegen, ein anderes wollte sie als Talisman immer dabeihaben. Mit den «Farben der Insel» in ihrem Rucksack fühlte sie sich vor dem Bösen der Welt beschützt.

Nach dem Besuch bei Greta schaute sie auf die Uhr. Es wurde Zeit, die anderen aus dem Lesekreis zu treffen, heute stand ja die Wattwanderung an. Den Laptop ließ sie bei Greta, damit sie ihn nicht mitschleppen musste. Dann machte sie sich auf den Weg zum Deich.

Andrea, Franziska, Ellen und Jan warteten bereits auf sie. Sie hatten Schuhe und Strümpfe ausgezogen und in ihren kleinen Rucksäcken verstaut.

«Moin, Moin», grüßte sie in die Runde.

«Moin, Sandra», kam es zurück.

Nachdem sie alle herzlich begrüßt und sich ebenfalls Schuhe und Strümpfe ausgezogen hatte, schoss ihr eine Frage durch den Kopf:

«Wo steckt Björn?»

Ellen zuckt mit den Achseln. «Der wird schon noch kommen.»

Sandra zückte ihr Handy und versuchte ihn zu erreichen, aber er ging nicht ran. Wieso meldete er sich nicht? Ohne ihn würde es nicht die Wattwanderung werden, auf die sie sich so gefreut hatte.

Sie stellten sich alle nebeneinander auf den Deich und blickten in die Weite, die sich vor ihnen ausbreitete. Der Meeresboden reichte bis zum Horizont, links vor ihnen lag die Nachbarinsel mit ihren hellen Dünen, zu der sie laufen wollten.

«Können wir nicht alle absaufen, wenn die Flut kommt?», erkundigte sich Andrea.

«Wieso sollte das passieren?», grummelte Ellen.

«Das Wasser kommt erst in ein paar Stunden wieder, dann sind wir längst drüben», bestätigte Jan.

Er musste es wissen, schließlich war er nicht nur geborener Insulaner, sondern als Krabbenfischer jeden Tag auf der Nordsee unterwegs. Er kannte das Meer besser als sein Wohnzimmer und würde heute ihr Wattführer sein.

«Und wenn die Flut ausnahmsweise doch früher kommt?»

«Kommt sie nicht!» Jan wurde langsam ungeduldig.

«Ich habe für alle Fälle meine Schwimmflügel dabei», bekannte Andrea.

Alle lachten – außer Andrea.

«Und mit denen willst du dann zurückschwimmen, falls das Wasser kommt?», fragte Franziska.

Jetzt wurde Andrea erst recht panisch. «Jan hat eben behauptet, dass das nicht passiert. Was denn nun?»

«Du wohnst doch lange genug auf der Insel», versuchte Ellen sie zu beruhigen. «Du müsstest es besser wissen.»

In diesem Moment kam Björn über den Deich getrabt, was mit seinem Rucksack auf der Schulter gar nicht so einfach sein konnte. Sandra rutschte das Herz in die Hose. Das würde ihr Tag werden!

«Sorry», keuchte er. «Ich hatte einen Platten und musste den ganzen Weg von Midlum quer über die Marschweiden zu Fuß kommen.» Er lächelte sie auf ganz besondere Weise an, jedenfalls bildete sie sich das ein.

«Gut, dass du da bist», rief Ellen. «Dann los jetzt!»

Doppelt Glück gehabt, ergänzte Sandra in Gedanken: Björn war endlich da, und sie würde mit Keikes Computerprogramm ihre Story übers Watt sogar auf Papier vorlegen können, wie alle anderen auch.

«Aber unterwegs nicht schnacken, sonst kann ich mich nicht konzentrieren», bat Andrea.

Die anderen lächelten mild.

Dann gingen sie los, barfuß, mit entschlossenen Schritten. Ein auffrischender Westwind blies ihnen beständig entgegen, er war aber angenehm temperiert. Der geriffelte Meeresboden unter ihnen massierte ihre Fußsohlen fast genauso wirkungsvoll wie Jette bei der Pediküre. Schnell verteilte sich die Gruppe in alle Richtungen. Sandra behielt Björn unauffällig im Auge, sie wollte unbedingt in seiner Nähe bleiben. Wofür sie gar nichts tun musste, denn jetzt kam er direkt auf sie zu.

«Störe ich?», fragte er kokett.

«Nie», sagte sie und erschrak im nächsten Moment über ihre Ehrlichkeit. Nebeneinander wanderten sie stumm über den Meeresboden. Der Schlick wurde vom Sonnenlicht hell bestrahlt, vor ihnen breiteten sich die Dünen der Nachbarinsel aus. Sandra hatte das Gefühl, direkt auf den Himmel zuzulaufen, der eine beeindruckende Palette verschiedener Blautöne zeigte. Was Björn wohl gerade dachte? War er in Gedanken bei seiner Geschichte oder bei ihr? Auf jeden Fall fühlte es sich wunderschön an seiner Seite an. Blöderweise wieselte jetzt Franziska von hinten heran und hakte sich bei ihr ein; schlimmer noch, sie zog sie ein paar Meter von Björn weg.

«Was meinst du, wann meldet sich Gerke wohl wegen meines Romans?»

«Keine Ahnung, der hat immer viel um die Ohren.»

«Hast du schon eine Idee für eine Geschichte?»

«Vielleicht», antwortete Sandra vage.

«Mir fällt leider überhaupt nichts ein», klagte Franziska. «Ich brauche jetzt erst mal Feedback von Gerke, bevor ich an was Neues denken kann.»

«Schreibblockade?», erkundigte sich Sandra.

«Kann sein.»

«So was hatten alle großen Autoren irgendwann mal.»

«Das hilft mir leider auch nicht.»

«Aber man kann doch über alles schreiben», erwiderte Sandra. «Zum Beispiel darüber, warum man gerade nicht schreiben kann.»

«Fragt sich nur, wer so was lesen will.»

Sandra überlegte einen Moment und blickte sich um. «Ich stand vorhin vor dem tiefblauen Himmel und konnte ihn nicht beschreiben, genauso wenig wie die Sonne, die in den Pfützen des Watts schillerte. Zähl einfach alles Schöne auf, was du siehst, aber nicht richtig in Worte fassen kannst. Indirekt beschreibst du es damit ja doch, verstehst du?»

Franziska sah sie verblüfft an. «Woher hast du bloß solche Tricks? – Du bist *doch* Lektorin, gib es zu!»

Sandra schüttelte den Kopf. Dann tat sie so, als bückte sie sich nach etwas, um wieder an Björn anschließen zu können. Langsam konnte das auffällig werden, vielleicht tratschten die anderen schon über sie. Aber das war ihr egal.

Nun fing Björn neben ihr an, einen alten Beatles-Song zu singen: «Hello, Goodbye». Den Text kannte sie nicht, aber sie summte leise die Melodie mit. Die anderen liefen inzwischen weit verstreut umher, jeder für sich.

Jetzt riss der Himmel auf, und die Sonne leuchtete durch einen Spalt in den Wolken auf sie herab. Eine leichte Brise wehte ihnen um die Ohren. Auf dem Meeresboden waren überall kleine Sandbänke mit Muscheln zu sehen. Der rot-weiße Leuchtturm auf der Nachbarinsel blinkte ihnen gemächlich entgegen, in regelmäßigen Abständen, vielleicht würde sie diesen Rhythmus in ihre Geschichte einbauen.

Ohne es zu merken, entfernten sie sich immer weiter von der Gruppe. Neugierig fragte sie Björn nach seiner Wohnung über der Schule. «Ich würde gerne mal sehen, wie du sie so eingerichtet hast.»

Er lachte. «Das sagt nichts über mich aus, die Räume habe ich möbliert gemietet. Ich suche etwas Neues, aber das ist auf der Insel nicht einfach. – Wie wohnst du?»

«Auch möbliert.»

«Würde ich mir auch gerne mal angucken.»

Sie erschrak. Ihre kleine Wohnung in Gerkes Haus machte für andere nichts her, er würde enttäuscht sein.

Plötzlich drehten sich beide gleichzeitig zur rechten Seite. Im grauen Schlick hatten sie in einiger Entfernung etwas entdeckt, was unter dem Morast kaum zu erkennen war. Trotzdem war es ihnen nicht entgangen: Das war kein Stück Natur! Sie gingen hin und buddelten zusammen eine verrostete Taschenuhr hervor, dabei berührten sich ihre Finger.

Sie standen jetzt ganz eng beieinander, Sandra nahm die Uhr in die Hand und betrachtete sie mit Björn genauer. Auf der Rückseite war eine Gravur in Form einer Königskrone zu erkennen.

«Von wem die wohl ist?», fragte Sandra.

«Von einem Seemann, dem sie über Bord gefallen ist?»

«Von einem Touristen aus Wanne-Eickel?»

«Womöglich von der Titanic angespült?»

«Oder sie kommt aus dem Teleshop und war stark runtergesetzt.»

«Aber sie hat eine Krone als Firmenzeichen.»

«Sag ich doch: Verkaufsfernsehen.»

Er lachte. «Klingt nicht besonders romantisch.»

«Okay, dann doch Titanic.»

Die anderen waren inzwischen so weit weg, dass man sie in ein paar hundert Metern Entfernung im Watt herumlaufen sah. Björn und sie mussten einen Schritt zulegen, um aufzuschließen. Dabei wurde Sandra richtig warm, sie hatte das Gefühl, von der frischen Seeluft besoffen zu sein.

Irgendwann, kurz vor der Nachbarinsel, kam der große Priel, ein reißender Strom mit eiskaltem Meerwasser, wo sich die anderen zusammengefunden hatten und nun auf sie warteten. Sandra spülte die verschlickte Uhr im Salzwasser aus und zeigte sie herum.

«Ihr habt einen echten Schatz gefunden», meinte Andrea. «Hey, jetzt seid ihr reich!»

«Ich kann dir gerne was leihen», sagte Sandra.

Sie starrten auf den Priel.

«Die Flut läuft langsam auf, obwohl das Watt noch trocken ist. Ab da muss man immer aufpassen», erklärte Jan.

«Heißt das, wir gehen unter?»

«In zwei Stunden mit Sicherheit.» Er grinste.

«Oh Gott!»

Jan wusste, wo es eine knietiefe Furt gab, durch die sie nun im eiskalten Wasser waten konnten. Dahinter erreichten sie den Strand der Nachbarinsel und wanderten zu dem Leuchtturm, den sie die ganze Zeit vor sich gesehen hatten. Seltsamerweise hatten alle das Bedürfnis, ihn zu berühren, als sei er irgendwie heilig.

Sandra war fast enttäuscht, dass sie schon da waren, sie hätte noch stundenlang neben Björn weiterlaufen können.

Auf der Nachbarinsel kannte Jan sich bestens aus, er führte sie durch die Dünen, dann nahmen sie im nächsten Ort einen Bus zu einem bekannten Restaurant im Süden. Es hieß «Die Blaue Maus» und war skurril eingerichtet: Die Besitzer hatten seit Generationen in dem alten Haus Mitbringsel der Seeleute gesammelt, die von der Decke und an den Wänden hingen: Galionsfiguren, Tauwerk, nautische Geräte, Tierpräparate und maritime Bilder auf Holz. Auch ein Gemälde von einem blauäugigen Seemann mit Südwester und Pfeife im Mund fehlte nicht – den sah man überall an der Küste, warum auch immer. Meistens war er schlecht gemalt und schielte, so auch hier.

Sandra setzte sich unter eine hölzerne Frauenfigur mit einem wallenden Kleid, das ein üppiges Dekolleté zeigte. Björn nahm unter einem Käfig mit einem ausgestopften Papagei Platz. Leider war Sandra nicht schnell genug gewesen, sie saß auf der anderen Seite des Tisches, viel zu weit weg von ihm.

«Wann wollen wir unsere Storys denn fertig haben?», fragte Andrea in die Runde. Sie fühlte sich jetzt, wo sie wieder festen Boden unter den Füßen hatte, sichtlich wohler.

«Beim nächsten Mal, oder was meint ihr?», schlug Sandra vor.

«So schnell?», beschwerte sich Ellen. «Ich dachte, nächstes Jahr?»

«Es soll ja kein Roman werden.»

«Okay.»

«Habt ihr denn schon Ideen?», fragte Björn.

«Ja», antworteten alle, bis auf Franziska.

«Ich noch nicht», bekannte sie.

«Ich fürchte, meine Geschichte wird großen Ärger machen», sorgte sich Andrea.

«Wieso? Worum geht es denn?», fragte Jan.

Andrea verzog keine Miene. «Um Sex und Geld im Lesekreis.»

Einen Moment stutzten alle, dann lachten sie laut los. Andreas Humor war manchmal verblüffend.

Sandra blickte in die Runde. Die Gesichter glühten von der vielen frischen Meeresluft kräftig nach. Alle hatten mächtigen Hunger, sie orderten eine riesige Fischplatte.

Später quatschten sie bei wahlweise Bier oder den inseltypischen Getränken Tote Tante, Pharisäer und Manhattan über Gott, die Welt, Bücher und Buchhandlungen. Anschließend nahmen sie gemeinsam den Taxibus zum kleinen Fährhafen.

Jan sollte von hier aus die Yacht eines reichen Hamburgers auf ihre Insel überführen, was heute natürlich perfekt passte. Sie staunten, als sie das große schneeweiße Boot mit den schwarz getönten Scheiben am Steg erblickten.

«So was kann sich nicht mal mein Chef leisten», sagte Andrea beeindruckt.

«Ich finde es angemessen für den Lesekreis», bemerkte Franziska.

«Die Fähre wäre jetzt ein echter Abstieg gewesen», stimmte Sandra in den Chor mit ein. «Da sind ja so viele normale Leute an Bord.»

Alle lachten und kletterten auf das Boot.

Auch drinnen war alles vom Feinsten, die Sitze waren mit edlem hellen Leder überzogen, man mochte sich kaum daraufsetzen, und die Küche war besser ausgestattet als bei ihnen zu Hause. Sie fühlten sich, als hätten sie gerade im Lotto gewonnen.

Als Jan den Motor anwarf, stand die Sonne schon tief über dem Wasser. Jan übernahm das Ruder, seine Freundin Ellen schmiegte sich an ihn. Sandra stellte sich neben Björn ans Achterdeck und träumte davon, dass er seinen Arm um sie legte. Andererseits wäre ihr das vor den anderen viel zu öffentlich gewesen.

Irgendwann kam Franziska dazu. «Kann ich dich mal unter vier Augen sprechen?», bat sie Sandra. Es klang ungewohnt förmlich, worum konnte es gehen?

«Klar.»

Franziska zog sie unter Deck. «Das ist gerade aus deinem Rucksack gefallen.» Sie hielt ein paar bedruckte Blätter hoch.

Sandra zuckte zusammen. Das waren die Ausdrucke von «Farben der Insel», die Greta für sie gemacht hatte. Franziska hatte sie erwischt! Von wegen Talisman, jetzt kam heraus, wer Carola Jensen in Wirklichkeit war. Sandra lief rot an.

«Nicht schlecht!», kicherte Franziska. «Du hast uns alle getäuscht! In Wirklichkeit bist *du* Carola Jensen.»

Sandra brachte kein Wort raus und starrte sie nur entsetzt an.

«Der Text ist echt von dir?», flüsterte Franziska.

Einen Moment lang überlegte Sandra, ob sie sich irgendeine Ausrede ausdenken sollte, ließ es dann aber. «Psst», flüsterte sie. «Bitte nicht weitersagen.»

«Du bist eine echte Autorin und willst nicht, dass es jemand erfährt? Wieso?»

«Ich habe meine Gründe.»

«Den Text musst du veröffentlichen, der ist großartig», raunte Franziska. «Ich wollte, ich könnte so schreiben wie du.»

Sandra geriet in Panik. Sie musste mit allen Mitteln verhindern, dass Franziska weiterbohrte. «Es wäre mir recht, wenn niemand davon erfährt. Auch nicht im Lesekreis.»

«Okay», kam es zögerlich zurück.

«Schwöre es!»

«Ja, ich schwöre es.»

«Ich will deine Finger sehen.»

Franziska zeigte ihre Hand. «Ich schwöre es mit drei Fingern. Aber nur, wenn du mir die Seiten mitgibst. Ich würde sie gerne noch mal im Ganzen lesen. Du bekommst sie danach zurück.»

«Bitte.» Sandra fummelte einen der beiden Ausdrucke aus dem Rucksack und reichte ihn ihr. Dann ließ sie sie einfach stehen.

Als sie zurück aufs Achterdeck ging, war Sandra wie betäubt. Franziska war der Wahrheit so nahe gekommen, dass es ihr fast weh tat. Sie war noch ziemlich durcheinander, als sie wieder neben Björn stand.

«Wie sieht es denn wieder mal mit einem Picknick auf der Düne aus?», fragte er.

«Würde ich total gerne machen, aber in den nächsten Tagen muss ich arbeiten wie eine Irre.»

«Schade.»

«Aber danach immer», versprach sie.

«Ich komme drauf zurück.»

Hoffentlich verstand er ihre Zurückhaltung nicht falsch. Es musste einfach mit dem Lernen noch schneller gehen, denn erst wenn sie richtig lesen und schreiben konnte, bestand keine Gefahr mehr, dass sie vor ihm und den anderen aufflog. Parallel zur Arbeit würde das hart werden, den fehlenden Schlaf musste sie halt später nachholen.

18.

Am nächsten Abend verschwand Sandra nach ihrer Neun-Stunden-Schicht auf der Fähre in den Tiefen des Büchertempels. Hier trug sie beim Putzen keine Schuhe, sondern lief auf den Teppichen lieber barfuß umher. Es fühlte sich angenehmer an.

Es war nicht einfach, das Antiquariat staubfrei zu halten. Das Papier durfte nicht mit einem nassen Lappen abgewischt werden, sonst schimmelte es. Also benutzte Sandra einen Staubwedel, manchmal auch einen Handstaubsauger. Sie musste an ihre Eltern denken: Mamu und Papu hatten auf dem Jahrmarkt immer streng darauf geachtet, dass im Wohnwagen alles sauber blieb. Der Rückzugsort vom Rummel sollte makellos sein. Jeden Tag wurde alles durchgesaugt, das hatte sie schon als kleines Kind machen müssen. Auch in der kleinen Wohnung in der Eifel, in der sie nun lebten, hielten ihre Eltern alles blitzeblank.

Sandra hatte diesen Putztick vermutlich geerbt. Sie liebte es, auf ihrer hohen Leiter zwischen den Regalen zu stehen, dabei kam sie sich vor, als wäre sie umgeben von Hochhäusern einer aufregenden Stadt. So lernte sie beim Putzen jedes Stockwerk und dessen exotische Bewohner persönlich kennen.

In diesem Bereich der Buchhandlung waren die Bücher immer noch nach Farben geordnet, so wie sie sie damals selbst eingeräumt hatte. Einige waren nach dem Herausnehmen an die falsche Stelle zurückgestellt worden, das fiel natürlich sofort auf. Sie korrigierte es mit Freude. Ihre spezielle Ordnung hatte die kleine Inselbuchhandlung über die Grenzen der Insel hinaus bekannt gemacht. Einige Kunden kamen nur, um diesen ganz eigenen gelb-rot-blau-schwarz-weißen Farbrausch zu erleben. Ihr selbst erschienen die Farben der Buchrücken fast wie eine Kopie des Himmels über dem Wattenmeer. Es gab rot-gelbe Sonnenuntergänge, weiß-blaue Morgen und tiefschwarze Gewitterfronten, die bedrohlich am Horizont standen.

Aber was neu für sie war: Jetzt sprangen ihr auf den Buchdeckeln jene Wörter entgegen, die sie bereits gelernt hatte. Einige Titel ließen sich leichter erschließen, wie «Momo»; andere, wie «Herbstmilch», nur unter Mühen. Es ging einfach alles noch viel zu langsam.

Nach dem Putzen ging sie hoch in Gretas Badezimmer, wo sie sich wusch und umzog. Sie schlüpfte in eine dreiviertellange Sommerhose und ein dunkelgrünes T-Shirt. Schuhe brauchte sie immer noch nicht, sie blieb einfach barfuß.

Sie ging nach vorne in den Wintergarten, wo die Neuerscheinungen standen. Greta bediente eine Kundin, die Sandra vom Sehen kannte, sie grüßten sich immer von ferne: Es war die Pastorin des Friesendoms. Sie kaufte gerade einen auffällig dicken Roman.

Dann passierte etwas Merkwürdiges: Greta griff unter

den Ladentisch, wo sie auch die Unterlagen für ihren gemeinsamen Lesekurs lagerte, und zog etwas heraus. Sandra spürte, wie ihr Herz laut pochte: Was sollte die Pastorin mit ihrem Übungsheft? Doch dann erkannte sie, dass Greta ein paar Bücher in die Tüte packte, die sehr eindeutige Titelbilder hatten – anscheinend hatte die Pastorin bei Greta pornographische Bücher bestellt!

Die Schublade unter der Kasse musste Gretas Ort für allerlei brisante Schriften sein: Pornos und Lesefibeln für Erwachsene. Was sie dort wohl sonst noch so versteckte?

«Bist du bereit?», fragte Greta, als die Pastorin verschwunden war.

«Immer!»

«Also los, weiter geht's.»

«Wir können auch hier vorne bleiben, hier ist mehr Licht», schlug Sandra vor. Inzwischen war sie, was ihre Enttarnung anbelangte, lockerer geworden. Greta hatte recht, wer sollte sie hier schon erwischen? Außerdem war es entspannend, zwischendurch mal aufs Meer zu blicken.

Greta holte die Unterlagen und legte ihr eine Liste mit Silben vor, die sie laut lesen sollte: *Erb|sen*, *Er|de*, *Erd|bee|ren*, *El|tern*, *En|gel* usw … Dann forderte sie Sandra auf, die Wörter mit Bildern und Farben zu einer kleinen Geschichte zu verknüpfen, was eine ihrer leichtesten Übungen war.

«Die Erb|sen der Erde», sagte Sandra laut, betrachtete die Wörter und fuhr fort: «Die kleine En|te beäugte die Erd|bee|ren und fragte sich, seit wann es rote Erb|sen gab. Das hatten ihr ihre El|tern anders beigebracht. ‹Die roten Erb|sen haben die En|gel auf die Er|de gebracht›, erklärte ihr ihre Mutter.»

«Sehr phantasievoll», lobte Greta sie.

Sandra überlegte, ob sie Greta von ihrer eigenen Geschichte erzählen sollte, an der sie täglich arbeitete. Oder hielt Greta sie dann für eine Angeberin, die sich maßlos überschätzte, nur weil sie gerade mal eine Lesefibel auf Erste-Klasse-Niveau entziffern konnte?

«Du verrätst doch nichts von dem, was wir hier tun?», vergewisserte sie sich ein weiteres Mal, obwohl das eigentlich überflüssig war. Sie konnte Greta vertrauen, das wusste sie.

«Das weißt du doch.»

Sandra biss sich auf die Unterlippe. «Dann verrate ich es dir: Ich habe schon geschrieben, bevor ich schreiben konnte.»

«Verstehe ich nicht.»

«Schreiben ist vielleicht falsch ausgedrückt.»

Dann erzählte sie Greta von ihren «Farben der Insel».

«Das würde ich gerne mal lesen», sagte Greta, sichtlich beeindruckt.

Sandra zog die zweite Kopie aus dem Rucksack und reichte sie Greta. «Aber niemandem etwas verraten, nur Franziska und du wissen davon.»

«Und der Lesekreis?»

«Okay, die haben es auch schon gehört.» Sie lächelte. «Aber da habe ich so getan, als wenn die Geschichte von jemand anderem stammt.»

Greta lachte laut auf. «Die würden staunen, wenn sie erführen, dass die Autorin eine von ihnen ist.»

«Lieber nicht.»

«Und das hast du echt auswendig vorgetragen? Hast du den Text noch drauf?»

«Du hast doch den Ausdruck auf Papier.»

«Wenn du es vorträgst, ist es etwas anderes. Bitte, nur den Anfang! Ein klitzekleines Stück …»

«Also gut.» Der Text war für Sandra mittlerweile zu einer Art Mantra geworden, das sie jederzeit abspulen konnte.

Im Wattenmeer und auf der Insel gehörte alles zusammen, der Himmel, das Meer, die Häuser, das Gras auf den satten Marschweiden, die Gräben, die Sümpfe …

Und sie, Sandra, lebte mitten zwischen diesen Elementen. Was war, wenn von jetzt an alles in ihrem Leben klappte? Womöglich kam sie sogar mit Björn zusammen und lebte mit ihm bis ins hohe Alter auf der Insel. Beim Abendbrot würden sie über all die Geschichten sprechen, die sie tagsüber gelesen oder erlebt hatten, und später im Bett würden sie eng umschlungen liegen und einander nicht wieder loslassen.

Auch beruflich würde es bergauf gehen, vielleicht machte sie eine Lehre. Sie hatte darüber noch nie nachgedacht, weil es bisher nicht in Frage gekommen war. Aber das konnte sich nun ändern. Welcher Beruf würde ihr gefallen? Etwas mit Schreiben wäre ein Traum, aber das war wohl zu hoch gegriffen.

Auf jeden Fall wollte sie heiraten, und zwar in Weiß, mit allem Pipapo. Wennschon, dennschon! Ein richtiger kitschiger Mädchentraum sollte es werden. Zur Hochzeit würde sie alle einladen: Mamu und Papu, das war klar, aber auch Greta, die anderen aus dem Lesekreis, und Hinnerk von der Fähre. Die Pastorin würde sie im Friesendom trauen. Oder aber sie würden sich mitten auf der Nordsee auf Kapitän Jans Kutter das Jawort geben, das wäre noch schöner. Danach würde Neptun eine Welle mit heller Gischt über das gesamte Boot spritzen, um ihnen Glück zu wünschen.

All diese Träume behielt sie für sich.

Eins nach dem anderen.

Fest stand auf jeden Fall: Für sie hatte gerade ein neues Leben begonnen, und das fühlte sich phantastisch an!

19.

Sandra setzte sich zu den anderen in den kleinen Raum mit den Bullaugen. Sie hatte das beruhigende Gefühl, dass die Bücher in den hohen Holzregalen sie beschützten. Alle waren gekommen – Björn, Andrea, Ellen, Jan, Franziska – und hielten ihre Kurzgeschichten über das Watt in den Händen. Sie schauten sich gegenseitig neugierig und auch ein bisschen aufgeregt an. Niemand von ihnen hatte zuvor eine Geschichte geschrieben und anderen vorgelesen.

«Wer zuerst?», fragte Ellen in die Runde.

Schweigen.

Das Wattenmeer war ein perfekter Ort der Inspiration, fand Sandra. Der Meeresboden war eine riesige Fläche, die man mit allem beschreiben konnte. Gleichzeitig veränderte sie sich durch die Gezeiten ständig, genau wie der Himmel und der Wind. Als Mensch durfte man hier nur Gast für wenige Stunden sein, bevor die Flut wieder alles überspülte. Man stand einer Macht gegenüber, die viel größer war als die eigene Existenz. Und dennoch machte sie keine Angst, dazu war sie einfach zu schön.

Sandra war gespannt, was ihre Freunde alles entdeckt hatten. Doch noch immer sagte keiner ein Wort. Das hatte es im Lesekreis nie gegeben, sonst gackerten alle sofort los. Eine eigene Geschichte jedoch war mit so vielen Unsicherheiten verbunden, dass sich zunächst niemand traute. Nicht einmal Björn oder Ellen, von denen sie erwartet hätte, dass die vorpreschten.

Sandra überlegte. Sie war die Einzige, die mit dem Vortrag eines eigenen Stoffes Erfahrung hatte, auch wenn das außer Franziska keiner wusste. Also gab sie sich einen Ruck und sagte: «Gut, dann fange ich an.»

Erleichterung auf allen Gesichtern. Sie hatte das, was sie vorher als Text von Carola Jensen ausgegeben hatte, einfach fortgesetzt. All die Eindrücke aus dem Watt hatten in ihrer Geschichte ein Eigenleben und eine Farbe angenommen, wie vorher auch. Dazu kam noch das Geheimnis der rostigen Uhr auf dem Meeresgrund, das aber ungelöst blieb. Das unter eigenem Namen vorzutragen, machte natürlich noch mehr Spaß. Wenngleich sie immer noch so tat, als läse sie alles von den Zetteln ab.

Kein Wunder, wie die Reaktion nach ihrem Vortrag ausfiel: Die Geschichte fanden die anderen zwar gut, hielten sie aber für eine Art Plagiat.

«Da hast du dich ja ziemlich eng an Carola Jensen angelehnt», fand Ellen.

Franziska hielt sich die Hand vor den Mund, um nicht loszulachen. Sandra warf ihr einen flehenden Blick zu: Bitte verrat mich nicht!

«Besser gut geklaut als schlecht erfunden», verteidigte Franziska sie. Das war auch schon alles, was sie zu dem heutigen Abend beizusteuern hatte. Sie entschuldigte sich dafür, dass sie noch nicht fertig geworden sei, weil sie eine handfeste Schreibblockade habe. Sie war aber an einer Art Tagebuch dran, in dem sie alles festhielt, was sie noch nicht in eine Form gießen konnte. Das würde sie beim nächsten Mal nachliefern.

Ellen hatte einen kurzen Psycho-Thriller geschrieben. Ein Fischer wird von seinem Nachbarn an die Ankerkette einer Boje mitten im Watt gefesselt, weil er angeblich eine Affäre mit dessen Frau hat. Während die Flut immer höher steigt, fordert der Nachbar den Fischer auf, er möge die Liaison auf der Stelle eingestehen, sonst habe sein letztes Stündchen geschlagen.

«Das ist aber wirklich grausam», befand Andrea und schüttelte sich.

Alle schauten sie überrascht an: Das kam von einem erklärten Horrorfan? Sie wussten, wenn Andrea an der Reihe war, mussten sie tapfer sein: Menschenfresser im Watt, fiese Monster, es würde auf jeden Fall gruselig werden. Umso erstaunter waren sie, als Andrea mit einer ganz anderen Idee aufwartete. Sie hatte Romeo und Julia ins Watt geschickt und ihre Namen durch «Wiebke und Kai» ersetzt: Fischersohn Kai legt bei Ebbe eine Spur aus Rosenblüten in den Schlick und wartet auf einer Sandbank auf seine Wiebke. Sie treffen sich immer heimlich dort, weil ihre Familien zerstritten sind. Nach ewigen Stunden kommt Wiebke endlich an, sie ist der Spur gefolgt. Sie versprechen einander, sich von nun an jeden Tag dort zu treffen. Doch am nächsten Tag erscheint Kai nicht mehr, sein Vater hat ihn eingesperrt und will die Liebste seines Sohnes zur Rede stellen. Unterwegs im Watt verletzt der Vater sich das Knie und bleibt hilflos im Schlick liegen.

Wiebke rettet ihm das Leben, indem sie ihn bei auflaufender Flut ans Land schleppt. Daraufhin dürfen Kai und Wiebke endlich heiraten.

Alle mussten beim Happy End lächeln. «Hach, wie schön!», seufzte Franziska.

Jan ließ seinen Kutter bei Ebbe trockenfallen. Als die Flut kommt, macht er sich spontan vom Wattenmeer über den Atlantik auf in Richtung New York. Auf dem Ozean muss er zahlreiche Stürme überstehen, bis endlich Manhattan in Sicht ist.

Sehr beeindruckend.

Als Letztes las Björn seine Geschichte vor. Er beschrieb eine Stadt im Watt, die nur bei Ebbe zu sehen ist. Es gibt dort uralte Gassen mit schönen, dunkelroten Häusern. Er selbst kann dort einfach hindurchgehen, die Menschen können ihn aber nicht sehen. Die Bewohner hier leben seit Jahrhunderten mitten im Meer in ihrer eigenen Welt.

In Björns Beschreibungen lag eine feine Poesie, die Sandra tief berührte.

Auch wenn alle Geschichten unterschiedlich waren, gehörten sie doch zusammen. Weil das Wattenmeer, das sie gemeinsam besucht hatten, immer die eigentliche Hauptfigur war.

Nachdem sie vorgelesen hatten, stellte sich bei allen ein Gefühl von Erleichterung und auch ein bisschen Übermut ein. Sie schnatterten aufgeregt durcheinander und beschlossen, noch zusammen ins Café Wattenblick zu gehen. Sandra musste schweren Herzens absagen, weil sie einen wichtigen Termin hatte, der aber streng geheim war: ihr nächster Leselernkurs. Sie würde also direkt in der Buchhandlung bleiben. Die anderen bedauerten, dass sie nicht mitkam, und verabschiedeten sich herzlich von ihr.

Als alle fort waren, setzte sie sich zu Greta in den Wintergarten.

«Sollen wir nach hinten gehen?», fragte die.

«Nee, muss nicht. Wer soll mich hier schon enttarnen?»

Greta legte ihr dieselben Wörter hin, die sie letzte Nacht auf der Fähre für sich wiederholt hatte und nun ohne Probleme wiedergeben konnte.

Langsam wurde sie immer besser! Sie war so glücklich und in die Arbeit versunken, dass sie gar nicht bemerkte, wie die Tür aufging.

«Hat jemand mein Handy gesehen?» Björn stand direkt vor ihnen. Sandra sah ihn erstaunt an. Er trat näher und warf einen neugierigen Blick auf die Lesefibel.

«Hey, was habt ihr denn da?»

Ihr wurde ganz anders.

«Na, Sandra, willst du Kollegin bei mir an der Grundschule werden?», fragte er fröhlich.

«Wieso?»

Björn lächelte. «Genau dieses Material benutzen wir beim Erstleselernen in meiner Schule.»

«Ja, Greta hat hier vorhin mit einem Mädchen geübt», log sie tapfer und schluckte.

Björn schaute auf Sandras Schreibübungen. «Die krakelige Schrift von der Kleinen ist süß, oder? Man merkt, dass sie noch nicht sicher mit den Buchstaben ist.»

Wenn sie in diesem Moment hätte sterben sollen, wäre

es ihr nicht besonders schwergefallen. Sie fühlte sich klein und mies wie selten zuvor in ihrem Leben.

«Wie hieß das Mädchen noch, das vorhin hier war?», fragte Sandra schnell und sah Greta eindringlich an.

«Imke», antwortete Greta. «Aus Hamburg. Die Schulen da müssen eine Katastrophe sein, nach dem, was die Mutter mir erzählt hat ... Sandra und ich haben uns das mal zusammen angeschaut. Es war wie früher in der ersten Klasse, oder, Sandra?»

Na, Greta, du kannst aber auch überzeugend schauspielern, dachte Sandra.

«Ich kann euch jede Menge Material geben», sagte Björn. «Welche Silben nehmt ihr denn gerade durch?»

«Danke, noch habe ich genug», winkte Greta ab.

«Vielleicht wären die Bildkarten ja eine gute Idee für den Lesekreis. Jeder zieht eine und schreibt dazu eine Geschichte.»

«Guter Vorschlag», pflichtete Sandra ihm bei.

«Schau doch mal im Büchertempel, ob dort dein Handy liegt», sagte Greta nun. «Hier ist es jedenfalls nicht.»

Er lächelte und ging nach hinten. Kurz darauf kam er mit seinem Handy zurück.

Als er den Wintergarten verlassen hatte, schaute Sandra schuldbewusst zu Greta und murmelte ein «Danke».

Je länger er geredet hatte, desto deutlicher war Sandra geworden, auf wie dünnem Eis sie sich immer noch bewegte. Hatte sie sich eingebildet, dass ihr neues Leben bereits begonnen hatte? Das war ein Irrtum gewesen!

Aber sie würde nicht aufgeben.

20.

Sie lernte die halbe Nacht durch, bis morgens um vier. Dann legte sie sich schlafen und stellte den Wecker auf acht, das musste genügen. Beim Aufwachen verspürte sie eine bleierne Müdigkeit. Auf das Morgenbad in der Nordsee verzichtete sie und setzte sich stattdessen schon beim Frühstück wieder an ihre Fibel. Zum Glück war heute ihr freier Tag, sie musste nicht zum Putzen auf die Fähre. Sie hatte also genug Zeit.

Zwischendurch klapperte einmal der Briefkasten, sie ging hin und fischte eine Ansichtskarte ihrer Eltern raus, auf der die Dauner Maare abgebildet waren, drei Vulkanseen in der Eifel. Den Text hinten las Sandra im Stehen, zum Glück hielten sich ihre Eltern kurz, es ging ihnen gut, und sie hatten sich über ihre Karte gefreut. Wie schön!

Sie setzte sich wieder an den Schreibtisch. Gegen Mittag musste sie feststellen, dass ihre Konzentration endgültig aufgebraucht war. Also zog sie sich um und sprang für eine Viertelstunde ins Meer, danach fühlte sie sich wieder fit. Doch leider hielt das nur kurz an. Bald sank ihr Kopf auf den Schreibtisch, und sie schlief ein, ohne dass sie etwas dagegen tun konnte.

Abends wurde sie von einem Klopfen an die Terrassentür geweckt. Sie schreckte hoch. Wer kam da durch den Garten zu ihr? Gerke war vorhin weggefahren, er konnte es nicht sein, und normalerweise kam Besuch für sie von der Straßenseite. Hastig packte sie ihre Leselern-Unterlagen beiseite und öffnete die Tür. Vor ihr stand Franziska in einem hellblauen Sommerkleid mit schwarzen Punkten und strahlte sie an.

«Ich bin über den Zaun geklettert», flüsterte sie. «Ich wollte Gerke nicht treffen, bevor er meinen Roman gelesen hat.»

Sie umarmten sich.

Franziska sah sich neugierig um. «Dein Bett ist aber schmal», fiel ihr als Erstes auf.

Sie hatte recht, zu zweit wurde es bei ein Meter zwanzig Breite kuschelig. Bloß dass das in den letzten Jahren keine Rolle gespielt hatte, da niemand anderes bei ihr gelegen hatte.

«Sehr schön», befand Franziska. «Alles da, was man zum Leben braucht, und nicht mehr, wozu auch?»

«Finde ich auch.»

Franziska fasste ihre Hände und zog sie ein bisschen zu sich heran. «Der Lesekreis mit den Wattgeschichten war super, oder? Ich glaube, wir werden eines Tages noch berühmt.»

Sandra lachte. «Bestimmt!»

«Wie würden wir unsere Tage als Promis wohl verbringen?»

«Du hast sie echt nicht alle», meinte Sandra grinsend. «Aber schön wäre es ja.»

Franziska setzte sich auf ihr Bett. «Weltweit sechsundzwanzig Millionen verkaufte Bücher von Sandra Malien sprechen ja wohl eine klare Sprache.»

«Und sonst geht es dir gut?»

«Kennst du die Philosophie der Bogenschützen im Zen-Buddhismus?» Franziska blickte sie todernst an.

«Häh?»

«Du musst nicht zum Ziel wollen, sondern eins werden mit deinem Ziel.»

Sandra zog die rechte Augenbraue hoch. «Will sagen?»

«Du musst schon Bestseller-Autorin sein, bevor du es in echt wirst.»

«Muss ich das verstehen?»

«Ach, Sandra, wir sollten unseren Erfolg auf dem Weltbuchmarkt feiern. Es war ein harter Weg», seufzte Franziska voller Hingabe, «aber er hat sich gelohnt.»

Eigentlich musste Sandra dringend weiterlernen, aber da sie sich sowieso nicht mehr konzentrieren konnte, war es auch schon egal. Franziska lenkte sie von ihrer Müdigkeit und ihren Sorgen ab, und das tat gut.

Ihre Freundin zog sie auf die Straße hinterm Haus, wo ein kleines Smart-Cabrio parkte.

«Ich weiß, normalerweise müsste hier jetzt mein Rolls-Royce stehen», erklärte Franziska. «Aber James, der Fahrer, hat die Sommergrippe bekommen. Deshalb habe ich diesen Wagen für uns gemietet.»

Sandra ließ sich gerne überreden: Warum nicht einfach mal ein bisschen den Welterfolg feiern? Es erinnerte sie an Karneval im Rheinland. Die Leute waren als Bären, Matrosinnen, Piraten und Pippi Langstrumpf im Autoscooter gefahren. Und sie ging jetzt eben als Bestseller-Autorin.

Sie sprangen in den Smart. Franziska startete den Motor, drehte die Musik auf und zischte über die schmalen Straßen der Insel. Anfangs überlegte Sandra, ob sie ihr noch einmal den Unterschied zwischen Feldweg und Autobahn erklären sollte, was die Geschwindigkeit anbelangte. Aber dann setzte sie darauf, dass ein Schutzengel vorwegflog, einer hinterher und zwei weitere die Seiten sicherten.

Es ging in die nördliche Marsch, langsam wurde es dunkel. Franziska parkte den Wagen mit laufendem Motor auf dem Deich und schaltete das Fernlicht an.

«Disco für Arme!», rief sie und drückte den Warnblinker. «Mit Lichtshow!»

Sie verband ihr Smartphone mit der Anlage im Wagen und drehte die Musik auf volle Lautstärke. Dann zog sie Sandra vor die Scheinwerfer, und die beiden tanzten mit hochgerissenen Armen. Hunderte Mücken flirrten im Licht, außerhalb des Scheinwerferkegels war es stockdunkel. Die Abendluft war lau und etwas feucht, es fühlte sich grandios an.

«Als V.I.P.s würden uns die Männer zu Füßen liegen», rief Franziska gegen die Musik.

In dem Moment blinkte auf dem Armaturenbrett Sandras Handy. Sie eilte hin und blickte neugierig aufs Display: Es war eine SMS von Björn.

Milde Nacht heute – bald mal wieder Lesestunde in den Dünen?

Am liebsten hätte sie ihm zwölf klatschende Emojis zurückgeschickt, das war sicherer als schreiben. Aber sie hatte natürlich nicht vergessen, wie er sie beim Lesenlernen mit Greta erwischt hatte. Es war bitter für sie gewesen, um ein Haar wäre sie aufgeflogen.

Sie war hin und her gerissen. Sollte sie mit ihm sprechen? Jetzt nicht, sie brauchte Zeit. Sie schaltete das Handy aus und tanzte weiter.

Etwas später fuhren die beiden Frauen weiter zum «Dünenwind», wo sie bei Pensionsbesitzer Claas eine Flasche Sekt bestellten. Die tranken sie in Liegestühlen auf der windgeschützten Terrasse. Hier war es noch erstaunlich warm, und außerdem waren sie ja immer noch berühmte Autorinnen. Nach dem Sekt orderten sie zwei Caipirinhas.

«Euch geht es gut, was?», rief Claas lachend, als er die Gläser brachte.

«Alles, was man sich heute Nacht wünscht, wird wahr», rief Franziska übermütig.

«Echt?», fragte Claas. «Da fällt mir eine Menge ein.»

«Es ist die Chance deines Lebens», fügte Sandra leicht beschwipst hinzu. «Geld, Liebe, Erfolg, greif einfach zu!»

«Habe ich ein Glück», sagte Claas, als er wieder in die Küche ging.

An Fahren war nicht mehr zu denken, also bestellten sie ein Taxi. Darin saß der unfreundlichste Fahrer dieses Erdballs, ein grauhaariger, schlechtgelaunter Rentner aus Midlum. Er wollte einfach nicht reden, und schon gar nicht mit zwei quietschenden Weibern.

«Ich zahle», rief Sandra, als er vor Gerkes Villa hielt.

«Nein, ich!», widersprach Franziska.

Sie einigten sich auf die Hälfte, was aber schwer auszurechnen war, weil Franziska ja noch eine Strecke vor sich hatte. Während sie die abenteuerlichsten mathematischen Formeln erfanden, die alle nicht funktionierten, trommelte der Fahrer genervt mit den Fingern auf das Lenkrad, was die Sache auch nicht beschleunigte. Ihre Auseinandersetzung kostete richtig Geld, weil die Taxiuhr weiterlief.

«Sandra Malien ist eine weltberühmte Autorin», erklärte Franziska dem Fahrer leicht nuschelnd. «Aber nicht weitersagen, sie ist inkognito hier.»

Den muffeligen Mann beeindruckte das wenig, er kannte Sandra vom Sehen. «Ach ja? Und auf der Fähre putzt du nebenbei? Alles klar.»

Aber Franziska ließ sich nicht stoppen. «Du verwechselst sie», protestierte sie übermütig, «das ist ihre Zwillingsschwester!»

Da piepste ihr Handy. Ein paar Sekunden blickte sie entsetzt aufs Display. «Oh Gott», stöhnte sie. Jetzt standen ihr die Tränen in den Augen.

«Was ist passiert?», fragte Sandra.

«Ich bin als Autorin eine Niete.» Franziska sah total blass aus und schien schlagartig wieder nüchtern zu sein.

«Sagt wer?»

«Gerke.»

«Nein!»

Franziska starrte wieder aufs Display. «Ich bin gut, sagt er, aber nicht *außergewöhnlich* gut. Meine Ideen sind gar nicht mal schlecht, aber ich schreibe meist haarklein auf, was die Leser denken sollen, das wirkt plump. Außerdem habe ich zu wenig Humor.»

«Mensch, Franziska, es gibt andere Verleger, die das mit Sicherheit anders sehen.» Sandra legte den Arm um sie.

«Ich bin einfach nicht begabt genug.»

«Nur weil *einer* dich abgelehnt hat? So etwas ist reine Geschmackssache.»

Die Gefühle, die man nach so einer Niederlage erlitt, kannte Sandra zur Genüge. Es gab Tage, da waren sie ihr tägliches Brot. Wenn sie für etwas Spezialistin war, dann dafür.

«Man darf nie aufgeben, es sei denn, man stirbt zufällig gerade», sagte sie.

Da musste Franziska sogar kurz lächeln. «Und wenn alle anderen meinen Roman auch ablehnen?»

Sandra schüttelte energisch den Kopf. «Das wird nicht passieren!» Für andere war sie immer optimistischer als für sich selbst.

«Kann ich heute bei dir schlafen?», fragte Franziska.

«Na klar, gerne.» Sandra gab dem Taxifahrer das Geld, dann stiegen sie aus.

«Es ist mir fast unangenehm, dass ich in Gerkes Haus wohne», sagte Sandra.

«Das ist mir egal, solange ich ihn nicht treffen muss.»

Durchs Fenster ihres Zimmers blinkte der Leuchtturm von der Nachbarinsel herüber. Die Wellen schwappten sanft gegen das Ufer, es hörte sich an wie ein Seufzen. Sandra zündete ein paar Duftkerzen mit Vanille- und Zimtaroma an. Dann holte sie eine zweite Decke aus dem Kleiderschrank, und sie legten sich nebeneinander ins Bett, das gerade so für beide ausreichte. Franziska griff zu der

Taschenlampe, die auf dem Nachttisch lag, und ließ den Lichtkegel durch den dunklen Raum kreisen.

«Ich habe dir etwas vorgemacht», bekannte sie leise.

«Inwiefern?»

«Ich arbeite gar nicht in einer Werbeagentur.»

«Sondern?»

«Ich verkaufe stundenweise Brötchen in einer Bäckerei und jobbe als Kassiererin in der Tankstelle am Nachtschalter, bei mir um die Ecke.»

«Mit Werbung hast du nichts zu tun?»

«Doch, bis vor einem Vierteljahr. Dann wurde ich rausgeschmissen. Dabei habe ich vorher alles für meine Firma getan.»

«Bitter.»

«Autorin zu werden habe ich als meine letzte Chance gesehen, doch noch etwas aus meinem verkorksten Leben zu machen.» Sie machte eine Pause. «Ich habe keine Ahnung, wie es weitergehen soll.»

Sie nahm Sandras Hand.

«Ich werde deine Geschichte von den Farben der Insel noch mal lesen. Ganz im Ernst, was du geschrieben hast, tröstet mich.»

«Weißt du was? Ich schenke dir den Text. Veröffentliche ihn ruhig unter deinem Namen, vielleicht bringt dich das ja weiter.»

Franziska richtete sich ruckartig auf. «Was? Niemals! Er gehört dir. Ich will ihn nur noch mal lesen.»

«Ich meine es ernst.»

Es war Sandra vollkommen egal. Aus ihr würde sowieso nie eine Autorin werden.

21.

Die beiden Freundinnen wachten morgens zur gleichen Zeit auf. Über die zugezogene Gardine jagten dunkle Schatten, anscheinend zogen gerade Wolken vor der Sonne vorbei.

«Hast du gut geschlafen?», fragte Sandra.

«Wenig. Ich habe intensiv nachgedacht, das war besser als schlafen.»

«Du darfst dich nicht unterkriegen lassen.»

«Es ist alles nicht so tragisch. Das Schreiben war ein Traum, und ich habe es ausprobiert. Das war der Grund, warum ich hierhergekommen bin. An die Zeit hier werde ich immer gerne zurückdenken.»

«Vergiss nicht, es gab etliche Verleger, die Harry Potter abgelehnt haben.»

«Nein, Sandra, das kann man nicht vergleichen. Ich bin im Kopf noch mal durchgegangen, was Gerke geschrieben hat. Er hat recht.»

«Woher willst du das wissen?»

«Ich weiß es einfach.»

«Was hältst du davon, wenn ich uns erst mal Frühstück mache?» Sandra sprang aus dem Bett. Leider musste sie feststellen, dass keine Butter mehr im Kühlschrank war.

«Ich gehe kurz rüber zu Gerke und hole welche.» Fast hatte sie ein schlechtes Gewissen, dass sie unbefangen mit dem Mann umgehen konnte, der Franziska so vor den Kopf gestoßen hatte.

Vom Meer kam eine frische Brise, und tatsächlich jagten Wolken über den blauen Himmel. Gerke saß gerade auf der Terrasse und las Zeitung. Er wirkte wie ein vornehmer Herr auf einem alten Gemälde.

«Moin, Herr Gerke.»

«Moin, Frau Malien», sagte er freundlich.

«Darf ich Sie um ein Stück Butter bitten? Meine ist gerade ausgegangen.»

«Aber klar doch.»

In diesem Moment kam Franziska in ihrem Sommerkleid über den hügeligen Rasen gelaufen. Sandra war etwas irritiert: An ihrer Stelle hätte sie Gerke nach seiner Absage gemieden. Stattdessen lief sie jetzt mit offenem Lächeln auf sie zu. Was hatte sie vor? War sie ein Übermensch, der es einfach wegsteckte, dass sein größter Lebenstraum gerade geplatzt war? Oder wollte sie Gerke gleich eine Ohrfeige verpassen?

«Moin, Herr Gerke.»

«Frau Heitmann.» Gerke stand auf und reichte ihr die Hand. Er wirkte nicht eine Spur verlegen, Franziska aber auch nicht.

«Setzen Sie sich doch», bat Gerke. «Das mit dem Roman tut mir leid, zumal ich Sie sehr sympathisch finde. Ich möchte aber hinzufügen, dass ich Ihre Werbeaktion mit dem Plakat vor meiner Haustür genial fand. Das hatte was!»

Die beiden Frauen nahmen Platz.

«Das freut mich. Wann kommt Brown denn nun eigentlich?», wechselte Franziska ganz locker das Thema.

«Ich habe vorhin eine Mail von ihm erhalten.» Gerke sah zerknirscht aus. «Seine Lesung wird nun doch ausfallen. Mann, es wäre ein Traum gewesen.»

«Wie schade.»

«Es ist mehr als das! Brown in der Kurmuschel, das wäre in die Geschichte der Insel eingegangen! Einige Journalisten sind seinetwegen jetzt schon angereist, weil sie anschließend hier Urlaub machen wollten. – Wie stehe ich bloß da?»

Franziska überlegte einen Moment. «Ich habe eine Idee», sagte sie. «Die Kurmuschel haben Sie für Brown vermutlich schon gemietet, oder?»

«Ja, leider.»

«Die Sache ist die, Frau Malien und ich sind Mitglieder in einem Lesekreis. Zurzeit lesen wir uns dort unsere eigenen Geschichten vor, die wir im Wattenmeer verfasst haben.»

«Ach ja?» Er schaute Sandra erstaunt an. «Das wusste ich gar nicht.»

«Wie wäre es, wenn Sie unseren Lesekreis statt Brown in der Kurmuschel auftreten lassen?»

Sandra sah Franziska entsetzt an. Anscheinend war sie in einem psychischen Ausnahmezustand, das konnte sie doch nicht ernst meinen!

«Spinnst du?», rief sie. «Wir können doch keinen Brown ersetzen! Die Leute würden uns auslachen.»

Gerke war Sandras Meinung. «Nichts gegen Ihren Enthusiasmus, Frau Heitmann, aber Frau Malien hat recht: Jonathan Brown ist ein Weltstar.»

Franziska ließ sich nicht irritieren. «Umso besser! Wie wäre es, wenn er höchstpersönlich ein Grußwort an uns richtet?» Sie überlegte einen Moment. «Er möchte, dass wir an seiner Stelle lesen, ganz laienhaft, genau wie er damals, als er angefangen hat. Das wäre für die Presse bestimmt nicht uninteressant.» Sie beugte sich zu Gerke vor. «Und Sie würden mit Ihrem Verlag als Sponsor für Nachwuchsautoren in Erscheinung treten, Herr Gerke. Brown soll auf Facebook & Co. ankündigen, wer von uns was liest. Ich kann Ihnen die Infos sofort zumailen.»

Das ging Gerke alles zu schnell. «Mit Verlaub, Ihr Lesekreis ist eine Gruppe von Anfängern, wenn ich das richtig verstanden habe.»

«Okay, wir sind vielleicht nicht perfekt, dafür aber leidenschaftlich. Und das ist viel wichtiger! Außerdem bedienen wir das breite Publikum auf den Punkt.» Sie lächelte unbeirrt. «Und wissen Sie auch, warum? Weil wir selber zum breiten Publikum gehören. Kommen Sie, Herr Gerke …»

«Man könnte so ein Format vielleicht mal ausprobieren», sagte er zögerlich. «Dazu müsste ich allerdings vorher die Texte sehen.»

Sandra war so schockiert, dass sie kein Wort herausbrachte. Franziskas Engagement in allen Ehren, aber sie würde sich nie auf eine Bühne stellen und ihre Geschichte vortragen! Und den anderen im Lesekreis würde es ähnlich gehen.

Gerke jedoch schien immer mehr angetan von Franziskas Einfall. «Frau Heitmann, Sie haben tolle Ideen. Und Sie sind übrigens wider Erwarten eine talentiertere Autorin, als ich dachte, wenn ich das mal anmerken darf.»

Sandra staunte. Hatte er Franziskas Roman nicht gerade erst abgelehnt?

«Ihre Geschichte von den Farben der Insel finde ich wunderschön, poesievoll und lebensklug. Die können Sie gerne vorlesen.»

Farben der Insel? Hatte Sandra richtig gehört?

«Nein, das werde ich nicht», sagte Franziska bestimmt.

«Nicht?»

Franziska nickte. «Weil sie nicht von mir stammt.»

«Was?»

Franziska warf Sandra einen kurzen Seitenblick zu. «Darf ich es verraten?»

Sandra erstarrte.

Franziska wandte sich wieder an Gerke. «Sie stammt von Ihrer Putzfrau und Untermieterin Sandra Malien.»

«Frau Malien? Stimmt das?»

«Hmm, ja», murmelte Sandra und wurde knallrot.

«Da lebt man Jahre mit einer begabten Schreiberin unter einem Dach ... Wieso weiß ich nichts davon?»

Sandra winkte ab. «Ach ...»

Gerke klatschte in die Hände und blickte unternehmungslustig in die Runde. «Wir machen das!», rief er. «Und Sie, Frau Malien, lesen Ihre ‹Farben der Insel› vor! Die anderen Texte werden schon nicht ganz daneben sein. Es ist wie am Anfang meiner Karriere, als ich blutjung war und keiner meinen Verlag kannte. Ich bin immer volles Risiko gefahren. Genauso fühlt es sich jetzt wieder an.»

«Aber ...», sagte Sandra.

«Nichts ‹aber›! Wo passt Ihre Geschichte besser hin als hier auf die Insel?»

Sandra holte tief Luft. Das Ganze war absurd. Niemals würde sie bei einer öffentlichen Lesung mitmachen!

Kurze Zeit später gingen die beiden Freundinnen zurück in die Einliegerwohnung.

«Was hast du dir dabei gedacht?», zischte Sandra Franziska an. «Ich wollte meine Geschichte nie an die Öffentlichkeit bringen.»

Franziska grinste nur. «Manchmal muss man Menschen eben zu ihrem Glück zwingen.»

«Mensch, Franziska, du weißt überhaupt nicht, wen du vor dir hast!»

«Ich bin keine Autorin und werde es auch nie sein. Weil ich einfach nicht gut genug schreiben kann. Bei dir ist das etwas ganz anderes.»

«Ich sag dir, was mit mir ist: Ich kann *überhaupt nicht* schreiben.»

Franziska verstummte. Dann bekam sie einen Lachanfall. «Das ist ja wohl die dümmste Ausrede, die ich je gehört habe.»

Sandra überlegte kurz, ob sie mehr dazu sagen sollte, verzichtete aber darauf. «Frag die anderen aus dem Lesekreis, die werden genauso denken wie ich.»

Franziska nahm ihre Hand. «Lass mich jetzt bitte nicht hängen, Sandra. Mit dieser Veranstaltung möchte ich Gerke zeigen, was ich wirklich kann: werben!»

«Nein, tut mir leid.»

«Es ist nicht so schlimm, wie du denkst.»

«Warten wir ab, was die anderen sagen», schlug Sandra vor.

Sie wollte Franziska nicht noch mehr vor den Kopf stoßen. Aber es stand fest: Niemals würde sie sich auf eine Bühne stellen und einen Text vortragen. Im Lesekreis war das etwas anderes, aber vor über hundert Zuschauern? Undenkbar!

Was war, wenn sie einen Blackout hatte? Dann konnte sie nicht einfach den Anschluss suchen und weiterlesen. Aber dazu würde es zum Glück nicht kommen. Sandra war sicher, dass die anderen ähnlich denken würden wie sie. Dass sie absagten, war mehr als wahrscheinlich: Jan redete schon so nicht viel, Ellen hasste die große Bühne, und Andrea war viel zu schüchtern. Björn konnte sie nicht einschätzen, er war es als Schulleiter bestimmt gewohnt, vor Publikum zu sprechen. Aber alleine würde er natürlich auch nicht auftreten. Nein, sie musste sich keine Sorgen machen.

22.

Franziska wartete nicht lange, sondern setzte sich sofort auf Sandras Bett und schickte eine WhatsApp an alle Lesekreis-Mitglieder: *Ihr Lieben! Wir haben das Angebot, statt Brown in der Kurmuschel aufzutreten und unsere Wattstorys vor Publikum zu lesen. Ist das nicht super? Was meint ihr? LG Franziska.*

Normalerweise kamen die ersten Reaktionen in ihrer WhatsApp-Gruppe innerhalb von Sekunden, doch diesmal blieb es verdächtig still. Sandra fühlte sich bestätigt: Den berühmten Jonathan Brown ersetzen zu wollen, war einfach zu abgedreht.

Franziska hingegen blieb optimistisch. «Am Ende werden sie alle mitmachen.»

Sandra staunte. «Woher nimmst du das?»

«Jeder will doch mal groß rauskommen, oder nicht?»

«Ich nicht.»

Franziska blickte auf die Uhr. «Sorry, ich muss jetzt zum Friseur, Spitzen schneiden.»

Sie umarmten sich zum Abschied. Ihre Handys waren die ganze Zeit stumm geblieben.

Sandra beschloss, zu Greta in die kleine Inselbuchhandlung zu radeln, um ihre Meinung zu hören. Als sie dort ankam, stand Greta gerade hinter der Kasse und freute sich, sie zu sehen. Sandra erzählte ihr rasch, was vorgefallen war.

«Ich finde, das sollten wir lassen», schloss sie. «Wenn es schiefläuft, blamieren wir uns für alle Zeiten.»

«Was sollte denn passieren?», erwiderte Greta.

«Die Zuhörer erwarten nicht eine Gruppe von Anfängern. Vergiss nicht, viele Feriengäste und Journalisten sind eigentlich wegen Brown auf die Insel gekommen.»

«Na ja, dafür erfahren sie eine Menge übers Wattenmeer.»

«Das wir nie auch nur annähernd so gut beschreiben können wie ein weltbekannter Schriftsteller.»

Greta schüttelte den Kopf. «Die Welt ist bunt, und ihr seid ein Teil von ihr!»

Langsam wurde Sandra ungeduldig. «Du weißt doch am besten, wo ich stehe. Es ist lächerlich, wenn ausgerechnet ich mich als Schriftstellerin aufspiele. Allein das Wort *Schrift*stellerin aus meinem Mund ist Betrug.»

«Trag alles auswendig vor, wie im Lesekreis – und die Leute werden begeistert sein! Die Show mit dem falschen Buch kannst du getrost weglassen.»

Sandra wurde unsicher. «Meinst du?»

Ein Streifenwagen kam mit eingeschaltetem Blaulicht vor der Inselbuchhandlung zum Stehen. Sofort bildete sich ein Pulk von Badegästen um das Fahrzeug; es schien hier etwas Wichtiges zu geben. Ellen stieg aus, ließ das Blaulicht an und stiefelte in den Wintergarten.

«Moin, ihr zwei.»

«Moin», sagte Sandra und umarmte sie kurz.

«Was ist das für eine bescheuerte Sache mit der Kurmuschel?», fragte Ellen knapp.

«Franziska möchte, dass wir da auftreten», erklärte Sandra.

Ellen nahm ihre Uniformmütze ab und verzog das Gesicht. «Mensch, Sandra, ich bin Polizistin! Die Leute werden mich hinterher nicht mehr ernst nehmen, wenn ich mal jemanden verhaften muss.»

«Wieso das denn?», fragte Greta. «In deiner Freizeit kannst du doch tun und lassen, was du willst.»

Ellen sah alles andere als überzeugt aus. «Aber man verrät doch in einer Geschichte sehr viel Persönliches über sich, oder? Was ist, wenn alle meinen Krimi doof finden und ich mich lächerlich mache?»

Sandra nickte. «Genau das fürchte ich auch.»

«Ich will erst mal wissen, was Jan dazu meint», sagte Ellen. «Kommt ihr mit?»

«Das will ich auch wissen», sagte Greta.

Sie hängte ein Schild an die Tür der kleinen Inselbuchhandlung: «Bin in einer guten halben Stunde wieder da.» Dann sprangen sie in den Polizeiwagen, und Ellen raste mit Blaulicht zum Hafen, obwohl eigentlich gar keine Eile geboten war.

Sandra kam es immer so vor, als wenn es im Hafen stärker nach Salzwasser roch als sonst auf der Insel. Am Kai gegenüber dümpelte Florians Wasserflugzeug am Steg, die meisten Fischerboote waren draußen auf hoher See. Jan hatte an Bord zu tun, er saß auf einer hölzernen Fischkiste an Deck seines Kutters und war gerade dabei, seine Netze zu flicken, als die drei vor ihm am Kai auftauchten.

Auch er war von Franziskas Anfrage schockiert: «Meine Kollegen auf den anderen Booten werden sich schlapp lachen, wenn sie hören, dass ich im Watt an New York denke …»

«Wobei genau das an deiner Geschichte superspannend ist», meinte Ellen. «Es ist eine tolle Idee, diese unterschiedlichen Welten zusammenzubringen.»

«Nee, lass mal stecken. Ich bin Fischer und kein Schreiber. Und schon gar kein Vorleser.»

Greta hielt dagegen: «Das kann ja noch werden.»

«Ich doch nicht!»

«Mensch, Jan, darüber werden Ellen und du vielleicht noch mit euren Enkeln reden!» Greta ließ nicht locker.

Jan schaute seine Liebste ungläubig an. «Oder auch nicht. Weil es das peinlichste Ereignis unseres Lebens gewesen ist.»

«Oma und Opa in der Kurmuschel», kicherte Sandra.

«Sonst tuckerst du bei zehn Windstärken mit deiner Nussschale durchs Wattenmeer», erinnerte ihn Greta, «und da hast du auch keine Angst. Hier musst du nur auf einem Stuhl sitzen und was von einem Zettel ablesen. Das soll schlimmer sein als ein Orkan?»

«Während zweihundert Leute vor mir sitzen, hast du vergessen zu erwähnen.»

«Wenn wir im Lesekreis zusammenhalten, könnte es hinhauen», sagte Ellen. «Aber nur, wenn wirklich alle mitmachen.»

Anscheinend hatte sie ihre Meinung bereits geändert.

«Hmm», brummte Jan.

Damit war es zwar immer noch nicht beschlossen. Trotzdem bekam Sandra Angst, dass sich die anderen auch umstimmen lassen würden.

«Fragen wir den Rest der Truppe», sagte Ellen und wählte Franziskas Nummer. Sie orderte sie in die Arztpraxis von Dr. Sörensen, wo Andrea arbeitete. Auch Björn sollte zu ihnen stoßen.

Hier würde Ellens Plan enden, davon war Sandra überzeugt. Dass Andrea absagen würde, stand für sie fest. Sie fühlte sich mehr als Leserin und wollte keine Autorin sein, das hatte sie auf der Wattwanderung mehrmals betont. Die Praxis genügte ihr als Bühne, mehr Öffentlichkeit brauchte sie nicht.

Sie sprangen in den Polizeiwagen, um zur Praxis zu fahren. Ellen machte die Fahrt mit Blaulicht erneut zu einem Noteinsatz, was es schon wieder ins Komische zog. Keiner sagte unterwegs ein Wort, alle stellten sich während der Fahrt durch die Inselhauptstadt wohl noch einmal vor, wie sie auf der Bühne der Kurmuschel standen und ihre Geschichten vorlasen.

Für Sandra blieb das undenkbar.

Die Praxis von Dr. Sörensen lag direkt neben dem historischen Rathaus, das in sämtlichen Reiseführern als das «schmalste der Republik» angepriesen wurde. Es war so breit wie zwei Autos. Sandra, Greta, Ellen und Jan sprangen aus dem Wagen.

Andrea saß hinter dem Empfangstresen und blickte sie überrascht an. Jetzt stürmte Franziska hinein.

«Moin, Moin! Kann ich bitte mal eure Versichertenkarten haben?», rief Andrea grinsend.

«Hast du meine WhatsApp nicht bekommen?», erkundigte sich Franziska.

Sie nickte und zog ein ernstes Gesicht. «Doch. Aber ich muss zugeben, dass ich ein großes Problem damit habe.»

«Was genau ist denn dein Problem?», fragte Ellen.

Andrea riss die Augen auf. «Na, was zieht man zu so was wohl an? Jeans oder Kleid? Schick oder lässig? Ich habe keine Ahnung!»

«Du kannst auch nackt kommen», warf Franziska ein.

«Im Ernst?»

«Hat es alles schon gegeben.»

«Und ansonsten machst du dir keine Sorgen?», fragte Sandra.

«Was für Sorgen? Passiert denn da noch was außer Vorlesen?»

Dazu fiel Sandra nichts mehr ein.

Gemeinsam schlenderten sie aus der Praxis, außer Andrea natürlich, die erst später Feierabend hatte. Draußen holten alle erst einmal tief Luft. Da kam Björn mit seinem Rennrad vor die Praxistür gefahren. Sandras Herz klopfte wie wild. Sie hatte das Gefühl, dass sie sich Wochen nicht gesehen hatten, dabei waren es nur ein paar Tage gewesen. Nach seiner grandiosen SMS-Einladung hatte Funkstille geherrscht.

«Und?», rief er. «Schon was entschieden?»

«Was sagst du denn?», fragte Franziska.

«Super Idee, finde ich! Klar machen wir das, oder?»

«Was ist mit dir, Sandra?», fragte Franziska.

Außer ihr war keinem aufgefallen, dass sie sich bisher nicht klar geäußert hatte.

«Ich bin dabei», erklärte sie mit bebender Stimme. Vor Björn wollte sie sich keine Blöße geben. Obwohl allein der Gedanke schon purer Stress für sie war.

«Was würdest *du* denn vorlesen?», erkundigte sich Ellen nun bei Franziska. Sie hatte merkwürdigerweise noch keiner gefragt. Da sie das Ganze angestoßen hatte, waren alle davon ausgegangen, dass sie sowieso dabei war.

Franziska hob abwehrend die Hände. «Ich konzentriere mich auf die Werbung, das ist mehr als genug Arbeit.»

«Nein, so läuft das nicht», widersprach Jan. «Wenn wir alle auftreten, musst du auch ran!»

«Alle oder keiner!», bestätigte Ellen.

Franziska verschränkte die Arme vor der Brust. «Aber ich habe überhaupt nichts zum Vorlesen.»

«Und was ist mit deinem Schreibtagebuch?», fragte Sandra. «Mit den Aufzeichnungen darüber, warum du nie etwas übers Watt schreiben könntest?»

Ein müdes Lächeln huschte über Franziskas Gesicht. «Wen sollte das interessieren?»

«Alle!», kam es von den anderen im Chor zurück.

«Och Leute, wir haben doch genug Texte, und die Veranstaltung darf auf keinen Fall Überlänge bekommen.»

«Wenn du nicht mitmachst, bin ich auch draußen», erklärte Sandra. Sie hoffte insgeheim, dass das Thema damit vom Tisch war.

«Bitte, ich gebe alles für die Werbung, darin bin ich wirklich gut!»

«Das fürchte ich am allermeisten. Am Ende haben wir deinetwegen eine volle Promenade», stöhnte Sandra.

Jetzt mischte sich das erste Mal Greta ein, die sich bisher komplett zurückgehalten hatte, weil sie als Einzige nicht Mitglied des Lesekreises war. «Die meisten Künstler würden sich glücklich darüber schätzen.»

Ellen streckte Franziska die Hand entgegen. «Deal? Du liest auch!»

«Ich habe noch keine Geschichte, aber ja!»

Franziska schlug ein – notgedrungen.

Damit war auch Sandra im Boot.

23.

Seit dem frühen Morgen saß Sandra auf einer Liege im Garten und wiederholte, was Greta ihr am Tag zuvor beigebracht hatte. Unermüdlich murmelte sie die Wörter vor sich hin, jeder vollständige Satz war ein Erfolg.

Gegen halb drei packte sie ihre Lernsachen zusammen, holte eine große Packung Vanilleeis aus dem Kühlschrank und verstaute sie in ihrer Isotasche. Dazu kamen ein paar Schälchen und Löffel. Die Tasche klemmte sie auf den Gepäckträger, dann radelte sie durch die Marsch zu Eike.

Nach der Verwüstung von Gerkes Garten hatte Eike sich erstmal vierzehn Tage Urlaub genommen, und das mitten in der Hauptsaison! Es zeigte, wie sehr ihm die Sache nachgegangen war. Bei Gerke hatte er sich nicht wieder gemeldet, weil unklar war, was seine Aufgabe dort zukünftig sein sollte.

«Soll er alles verkommen lassen», hatte er Sandra am Telefon gesagt, «dazu braucht er keinen Gärtner, das macht die Natur von selbst.» Und er hatte pathetisch hinzugefügt: «Aber wenn er irgendwann nicht mehr von seinem Grundstück runterkommt, weil alles zugewuchert ist, muss er die Freiwillige Feuerwehr rufen. Das ist dann nicht mehr mein Problem!»

Sandra war gespannt, ob er sich inzwischen wieder beruhigt hatte, vielleicht würde sie ihn ja gleich antreffen. Eigentlich war sie aber mit Tim verabredet, ihrem Cousin, der nach Ende der Kirmes seinen Wohnwagen auf Eikes Grundstück abgestellt hatte.

Sie hatte immer noch keine Ahnung, welche Familienangelegenheit er mit ihr klären wollte. Aber da sie sich nun mal auf dem Jahrmarkt getroffen hatten, warum sollten sie sich nicht noch einmal sehen? Wahrscheinlich wollte er ihr nur verkünden, dass seine Frau wieder schwanger war. Vor allem freute sie sich auf seine Kinder Isi und Max.

Am Rand des Dünengebiets fuhr sie an Antjes Hexenhaus mit den Büschen und Bäumen vorbei, die fast bis zum Schornstein reichten. So würde es bei Gerke vielleicht auch bald aussehen – und warum auch nicht?

Eine Viertelstunde später bog Sandra auf Eikes Grundstück ab. Als sie näher kam, traute sie ihren Augen nicht: Zwischen den beiden Gewächshäusern, direkt auf der großen Wiese, stand etwas, das aussah wie ein riesiges Raumschiff. Es war der Autoscooter, angeschlossen an den Starkstrom der Gärtnerei! Aus den Lautsprechern dröhnte der aktuelle Hit des Sommers, Eike zischte ganz alleine in Schlangenlinien über die Fahrfläche. Er trug wie immer seine grüne Latzhose, sein Gesicht war todernst, als müsse er sich sehr konzentrieren. Sein uraltes Reetdachhaus im Hintergrund und das Fahrgeschäft ihrer Familie passten für sie überhaupt nicht zusammen. Erst bei näherem Hinsehen entdeckte sie Tim, der am Sicherungskasten hinter dem Kassenhäuschen herumschraubte. Das erinnerte sie an früher. Auch sie hatte von Kindheit an viele handwerkliche Fertigkeiten gelernt, Schweißen zum Beispiel konnte sie auch. Wenn man ein Fahrgeschäft führte, musste man Metallschlosser und Elektriker in einem sein. Ein normaler Elektriker kannte sich mit den Drahtgeflechten und den Spezialanschlüssen an den Wagen in der Regel nicht gut genug aus.

Vor dem Autoscooter führten Tims Zwillinge gerade die Zwergesel Adam und Eva im Kreis herum. Die Tiere folgten ihnen auch ohne Halfter auf Schritt und Tritt.

«Hallo, Isi und Max», rief Sandra. Die beiden Kinder hätte sie niemals wiedererkannt. Sie mussten jetzt fünf sein, und Sandra hatte sie seit ihrer Geburt nicht gesehen. Tim war mit dem Autoscooter viel unterwegs, da hatte sich nicht mehr Kontakt ergeben. Natürlich hatte sie ihnen zum Geburtstag Pakete geschickt, ein paarmal hatten sie auch miteinander telefoniert.

«Bist du Sandra?», riefen sie und kamen mit den Tieren näher.

«Ja! – Kann man auf den Eseln auch reiten?»

«Nee, dafür sind sie zu klein», erklärte Isi. «Aber wir dürfen sie füttern.»

Jetzt kam Tim auf sie zu. Er trug ein ölverschmiertes T-Shirt und eine kurze Hose.

«Hallo, Tim.»

«Hallo, Sandra.»

«Von wegen Esel füttern. Ich würde jetzt viel lieber Eis essen. Schade, dass ihr kein Eis mögt.» Sandra grinste die Kinder an.

«Aber wir mögen Eis!», rief Isi ernst.

«Sogar gerne», fügte Max hinzu.

«Gut, dann gebe ich einen aus. Wie viele Kugeln dürfen sie?» Sandra blickte zu Tim.

«Zwei, würde ich sagen.»

«Habt ihr gehört, Kinder? Zwei von Papas Seite aus und zwei von meiner, macht für jeden …?»

«Vier!» Isi strahlte.

Sandra öffnete die Kühltasche und füllte vier üppige Portionen in die Schälchen. Zum Essen setzten sie sich mitten ins Gras. Isi und Max erzählten ihr aufgeregt, dass sie heute an der Wasserkante eine kleine Stadt gebaut hatten. Aber dann kam die Flut. Erst leckte nur eine kleine Pfütze am Rand, dann kam eine zweite, etwas größere Welle. Sie versuchten die Burg noch mit einem Damm zu schützen, aber ohne Erfolg, sie wurde vollständig zerstört.

«Das Wasser hat unsere ganz Festung kaputt gemacht», beschwerte sich Isi.

«Aber nein», sagte Sandra. «Das Meer hat eure Burg mit nach draußen genommen und sie auf einer Sandbank genau so wiederaufgebaut. Dort gibt es ganz kleine Menschen und Krebse, die ziehen da ein. Wusstet ihr das nicht?»

Max überlegte. «Fressen die Krebse die kleinen Menschen nicht?»

Oje, mit dieser Frage hatte sie jetzt nicht gerechnet.

«Nein, das sind liebe Krebse, die können sogar singen.» Sie sang eine Melodie auf «Lalala». Die Kinder lachten.

«Können wir mal zu den singenden Krebsen fahren?», fragte Isi. «Ich will die mal singen hören.»

«Na klar. Wenn ihr das nächste Mal auf der Fähre seid,

solltet ihr Ausschau halten, vielleicht entdeckt ihr sie. Aber das Meer ist groß, sie können überall sein, vielleicht sogar in Amerika oder Afrika.»

Während Sandra weiter mit den Zwillingen rumspann, hatte Tim sich wieder zum Autoscooter verzogen, um etwas zu reparieren. Sandra spielte noch eine Weile mit Isi und Max, dann ging sie zum Kassenhäuschen. Hinter ihnen drehte Eike immer noch seine Kreise. Manchmal fuhr er mit Vollgas gegen einen parkenden Wagen, setzte zurück, um das Ganze noch einmal zu wiederholen. Ob das noch mit Gerkes Garten zusammenhing? War das eine Art Therapie? Aber vielleicht überschätzte sie die Angelegenheit auch. Die unendlichen Freifahrten waren womöglich ein Kindheitstraum, wer hätte das von einem Naturmenschen wie ihm gedacht?

«Du lebst gerne hier auf der Insel, was?», fragte Tim, als die Kinder mit den Eseln wieder Richtung große Wiese abzogen.

«Schau dich um, schöner geht's nicht, oder?», erwiderte sie.

«Und was ist im Winter?»

«Da rücken hier alle dichter zusammen.»

Seine Augen blitzten neugierig auf. «Hast du denn auch jemanden, an den du dann ranrückst?»

Sie lächelte. «Alles kann ich dir leider auch nicht verraten.»

«Wieso nicht?» Tim zog an dem Schild mit der Aufschrift «Kinder von 4–10 Jahren nur in Begleitung Erwachsener» eine Schraube an. Als Tochter des Schaustellers hatte sich Sandra nie an solche Vorschriften halten müssen.

«Ist das Hafenfest gut gelaufen?», fragte Sandra statt einer Antwort.

«Ich kann nicht klagen.»

«Wo ist Manu eigentlich?» Seine Frau reiste sonst immer mit, das wusste Sandra.

«Zurzeit bin ich alleinerziehender Vater.»

«Echt? Habt ihr euch etwa getrennt?»

Tim lachte. «Nein, keine Sorge, es ist nur vorübergehend.»

«Da bin ich aber erleichtert.»

«Ich mache mit den Kindern hier zehn Tage Urlaub, dann geht es rüber zur Nachbarinsel», sagte er und fügte hinzu: «Danach fahren wir nach Berlin zurück. Manu hat eine Stelle im Bezirksamt Berlin-Spandau angenommen.»

«Sie wird sich freuen, dass sie dich zwischendurch wieder mal sieht.»

Er räusperte sich. «Nein, das mit dem zwischendurch hat dann ein Ende. Der Jahrmarkt auf der Nachbarinsel wird mein letzter sein. Ich habe in Berlin eine Stelle als stellvertretender Vorsitzender des Schaustellerverbands angenommen. Die Kinder werden von da an ganz normal zur Schule gehen und an einem Ort aufwachsen.»

Sandra zuckte zusammen: Hatte sie richtig gehört? Tim gab das Geschäft auf?

«Und wer macht den Autoscooter?»

Mamu und Papu lebten anteilig von den Einnahmen aus dem Fahrgeschäft, das war ihre einzige Rente.

«Den werde ich verkaufen.»

Das war eine Katastrophe!

Tim verzog das Gesicht. Er schien zu spüren, was ihr

durch den Kopf ging. «Deine Eltern wissen noch nichts davon. Ich habe ziemliche Skrupel, es ihnen zu sagen.»

«Es wird ein Schock für sie sein. Hast du denn schon einen Nachfolger an der Hand?»

«Willst du eine Cola? Ich habe noch eine, ist eisgekühlt.»

«Nein, danke.»

Tim nahm einen großen Schluck aus seiner Flasche. «Es gibt einige Interessenten. Die Frage ist nur, ob sie zuverlässig sind und regelmäßig an deine Eltern zahlen werden.»

«Mann, das hört sich schlimm an.»

«Tut mir leid, aber ich mache es vor allem wegen Isi und Max. Für die Nachfolge habe ich natürlich als Erstes an dich gedacht. Du kennst dich bestens mit dem Geschäft aus, und es sind deine Eltern.» Er sah ihr in die Augen. «Hast du nicht lange genug Pause gemacht, Sandra?»

Sandras Herz schlug ihr bis zum Hals. Sie sollte zurück zum Jahrmarkt? Das war ein schlechter Witz, oder?

24.

Und nun?

Sandra tigerte in ihrem Zimmer auf und ab. Sie fühlte sich wie ein Tier in der Falle. Es wäre absurd, zurück zum Jahrmarkt zu gehen. Gerade jetzt, wo in ihrem Leben etwas Entscheidendes passierte, wo sich abzeichnete, dass alles endlich gut werden könnte. Andererseits wäre es herzlos, es nicht zu tun. Mamu und Papu hatten jede Unterstützung verdient. Auch wenn sie damals mit der Schule nicht genug Druck gemacht hatten, waren sie doch tolle Eltern gewesen. Natürlich gab es theoretisch die Möglichkeit, den Autoscooter zu verkaufen, aber das käme für Mamu und Papu nicht in Frage, die hatten das Fahrgeschäft mit viel Arbeit und Herzblut aufgebaut und hingen zu sehr daran. Und auch wenn sie den Scooter verpachteten, blieb die große Frage, ob ein Nachfolger von Tim regelmäßige Zahlungen an sie leistete. Sandra wäre die einzige Person, bei der das hundertprozentig gewährleistet war. Aber das bedeutete für sie: weg von der Insel, und zwar schon bald. Es versetzte ihr einen Stich, daran auch nur zu denken

Blieb ihr nur zu hoffen, dass Tim doch noch jemand Vertrauenswürdigen fand. Als stellvertretender Verbandsvorsitzender hätte er eine Menge Beziehungen und Kontakte in der Branche, es war nicht ausgeschlossen, dass es klappte. Sie musste auf ein Wunder hoffen.

Betrübt blickte sie aus dem Fenster. Über die Insel zog gerade ein Schauer. Mit einem Mal wurde ihr klar, dass sie etwas tun musste – und zwar jetzt!

Sie stürmte aus ihrer Wohnung und radelte über die Promenade in die Altstadt. Als sie kurze Zeit später Harry Petersens Schreibwarenladen erreichte, war sie pitschenass, aber das war jetzt egal.

«Moin, Sandra», grüßte Harry freundlich.

«Zwanzig Lottoscheine bitte», sagte sie.

«Mann, du willst es wissen, was?»

«Mit ehrlicher Arbeit kommst du ja zu nichts.»

«Wem sagst du das?»

Okay, das waren die gängigen Sprüche im Lottoladen. Aber sie meinte es ernst. Alle behaupteten immer, dass die Wahrscheinlichkeit zu gewinnen klein sei. Auf der anderen Seite sahnten jede Woche irgendwelche Menschen einige Millionen ab, die hatten sich auch nicht drum geschert. Wieso sollte sie nicht einer von ihnen sein?

Sie füllte zwanzig Scheine vollständig aus, inklusive Spiel 77, Super 6 und GlücksSpirale. Das kostete ein kleines Vermögen, aber sie sah es als Investition. Falls sie gewann, würde sie Mamu und Papu einen sorgenfreien Lebensabend finanzieren und auf der Insel wohnen bleiben.

Am Abend fand zu allem Überfluss auch noch das jährliche Sommerfest der Fährreederei statt. Sandra war überhaupt nicht in der Stimmung. Erst wollte sie unter einem Vorwand absagen, aber dann entschied sie sich doch dazu hinzugehen. Alles war besser, als in ihrem Zimmer zu hocken und Trübsal zu blasen. Also schlüpfte sie in ein luftiges Sommerkleid, steckte die Haare zu einem Dutt zusammen und schwang sich abermals aufs Rad, um zum Hafen zu fahren.

Die Party fand an Bord der «MS Norderaue» statt. Am Kai davor standen die Leute bereits Schlange: Kapitäne, Steuerleute, Matrosen, Maschinisten, das Personal aus Küche, Restaurant und Verwaltung, dazu kamen einige Zulieferer. An Bord wurden alle einzeln vom grauhaarigen Reeder und seiner deutlich jüngeren Frau mit Handschlag begrüßt. Sogar sie, die einfache Putzfrau, kannte er mit Namen, und das ohne Spickzettel. Respekt! Die hatte er alle auswendig gelernt – sie wusste genau, was das bedeutete.

«Moin, Frau Malien», sagte ihr Chef. «Vielen Dank für die tolle Arbeit. Was unsere Gäste als Erstes sehen und schätzen, ist, dass unsere Schiffe sauber sind. Sie arbeiten direkt am Aushängeschild unserer Reederei.»

Es klang so feierlich, als ob er sie gleich zum Kapitän befördern wollte. An einem Tag wie heute tat das besonders gut. Sie erinnerte sich noch an das Einstellungsgespräch, das er damals mit ihr geführt hatte. Die schriftliche Bewerbung hatte ihr eine Freundin vom Jahrmarkt geschrieben, Elina von der Raupe. Sandra musste nach dem Gespräch zig eng bedruckte Papiere unterschreiben, von denen sie kein einziges lesen konnte. Ihr kam es vor, als sei das gestern gewesen. Und nun sollte sie schon wieder kündigen? Undenkbar!

Auf Anweisung des obersten Bosses wurden nun die

Leinen losgemacht, und sie fuhren mit der Fähre hinaus auf See, so weit, bis die Insel nur noch ein kleiner Punkt in der Ferne war. Dann wurden die Anker geworfen.

Man hatte das Autodeck leer geräumt, auf der Backbordseite standen ein großer Bierstand und ein Foodtruck, der Burger, Pommes und Wurst servierte. Außerdem gab es ein großes Fisch- und Gemüsebuffet aus der Bordküche. In der Mitte des Decks war eine Bühne mit farbigen Scheinwerfern aufgebaut, davor wurde getanzt. An Bord gab es niemanden, den sie nicht kannte. Sie wurde geherzt und umarmt, egal ob vom Kapitän oder von der Putzkollegin.

Als besonders Highlight des Abends trat die Insulaner-Kultband Northfreez'n Allstars auf, zehn friesische Frauen und Männer, die eine rasante Mischung aus Soul und Shantys hinlegten. Hinnerk blies bei ihnen das Saxophon. Die Musiker gaben alles und rissen das Publikum vom ersten Titel an mit. Auch der Reeder und seine Frau warfen begeistert die Arme in die Luft, einige Matrosen nahmen ihre Freundinnen auf die Schultern und wippten mit ihnen hin und her.

Später wurde die See etwas kippelig, das Schiff fing an zu schaukeln, aber dieses Gefühl war ja allen bestens vertraut. Nach der dritten Zugabe verschwand die Band von der Bühne, und die Disco wurde angeworfen, Steuermann Hauke legte auf. Wegen des schwankenden Schiffsbodens fiel man sich aus Versehen öfter in die Arme, aber das hatte auch was! Sandra war nicht mehr von der Tanzfläche zu kriegen. Sie vergaß alles um sich herum, es gab nur sie und die Musik.

Irgendwann setzte sie sich vom Trubel ab und stieg

aufs Achterdeck. Hier war sie ganz alleine. Der Seewind, der ihr durchs Haar strich, war ihr vertraut wie ein alter Freund. Von unten schallte die Musik hoch. Sie war vom Tanzen immer noch wie berauscht, obwohl sie bis auf ein kleines Bier keinen Alkohol getrunken hatte. Die Lichter der Nachbarinseln leuchteten aus der Ferne herüber, der Nachthimmel zeigte sich in Filzstiftblau, die Fähre mit der Disco kam ihr vor wie eine bunte Insel. Sie stellte sich vor, dass Björn jetzt neben sie trat und sie diesen phantastischen Anblick zusammen genossen. Er war fast immer in ihren Gedanken.

Nein, sie konnte nicht weggehen. Sie brauchte genau diesen Himmel und genau dieses Meer, die Reetdachhäuser und das kräftige Gras auf den Marschweiden, die Gräben mit den Sümpfen. Wenn man alleine lebte, war man auf eine Umgebung angewiesen, in der sich viel unternehmen ließ. Die Insel bot mehr als das: Sie beruhigte und tröstete, zudem setzte sie eine Menge Phantasien frei.

Das Grün auf den Rinderweiden mokierte sich in ihrer Geschichte immer über die hellen Dünen. «Von hellem Sand wird niemand satt», beschwerten sich die Marschwiesen, die bestes Futter für die prächtigen schwarzbunten Kühe boten. Diese glotzten zufrieden in die Landschaft und kauten genussvoll das Gras. Sandra mochte die Flecken auf ihrem Fell, keiner war wie der andere – genau wie die vorbeihuschenden Schatten in der flachen Landschaft, wenn der Wind ein paar Wolken vor die Sonne schob. Manchmal türmte ein Sturm die flüchtigen Gebilde am Himmel zu riesigen Bergen auf. Mehr brauchte sie nicht, um glücklich zu sein. Aber auch nicht weniger.

Stattdessen sollte sie wieder in einem engen Wohnwagen durch die Städte ziehen? Ihre Insel begeisterte sie, tröstete sie und trieb sie an. Wenn sie sich nur für einen Moment vorstellte, nicht mehr hier zu sein, befiel sie Panik. Das Problem war: Für was sie sich auch entschied, es würde falsch sein. Bliebe sie auf der Insel, würde das Mamu und Papu unter Umständen in große finanzielle Nöte stürzen. Ging sie auf den Jahrmarkt zurück, waren sie gerettet, aber sie selbst würde unglücklich werden.

Auf dem Autodeck war die Party immer noch in vollem Gange. Die Leute hier mochten sie, und sie mochte die Leute. Sie durfte die Insel nicht hergeben. Was würde dann von ihr übrig bleiben?

25.

Natürlich telefonierte sie mehrmals täglich mit Tim, bis der leicht genervt war und sie bat, vorerst nicht mehr anzurufen. Aktuell hatte er einige ernsthafte Interessenten an der Hand, mit denen er im Gespräch war. Er versprach, er werde sich melden, wenn es Neuigkeiten gab. Sie versuchte sich zu beruhigen, noch war ja nichts entschieden. Sie sollte davon ausgehen, dass sich alles klärte.

Aber die Ungewissheit war nicht auszuhalten. Sie schlief wenig, mehr als vier, fünf Stunden die Nacht waren es nicht mehr. Ihre Ernährung bestand überwiegend aus schwarzem Kaffee mit Zucker, sie verspürte kaum Hunger. Am besten kam sie zurecht, wenn sie so viel wie möglich arbeitete. Sie putzte neun Stunden täglich auf der Fähre und lernte in der restlichen Zeit wie eine Irre.

Zwischendurch überfiel sie die Befürchtung, dass sie alles, was sie bei Greta gelernt hatte, schon wieder vergessen hatte. Wenn sie müde war, erkannte sie manchmal nur noch, dass ihr die Buchstaben irgendwo schon mal begegnet waren. Was dort stand, konnte sie nicht mehr lesen.

«Tim findet jemanden!», hämmerte sie sich immer wieder ein.

Oder sie gewann im Lotto.

Eines Morgens nach der Nachtschicht auf der Fähre radelte sie im hohen Tempo über die menschenleere Promenade. Sie wollte noch ein paar Übungsbögen durcharbeiten und sich dann etwas schlafen legen. Die Sonne ging gerade über dem Meer auf, alles sah rein und unberührt aus.

Sie selbst hingegen fühlte sich grau und zerknittert.

Ohne dass sie es richtig mitbekam, rutschte sie in Höhe des Leuchtturms plötzlich von der rechten Pedale ihres Rades ab, stürzte und knallte aufs Pflaster. Durch ihren Knöchel jagte ein höllischer Schmerz. Es fühlte sich an, als hätte dort jemand ein Messer reingerammt. Sie biss die Zähne zusammen und radelte langsam weiter, vorbei an der kleinen Inselbuchhandlung, die noch geschlossen war.

In ihrer Wohnung nahm sie eine Schmerztablette mehr, als auf der Packung angegeben war, und bildete sich ein, dass das half. Dann legte sie sich in ihr schmales Bett und schlief auf der Stelle ein.

Nach zwei Stunden wachte sie von ihrem pochenden Knöchel auf, der nun ziemlich geschwollen war. Das sollte sich besser ein Arzt anschauen. Fahrradfahren war nicht mehr drin, und Gerke war nicht da, er hätte sie sonst bestimmt gebracht. Natürlich hätte sie sich ein Taxi rufen können, aber so dicke hatte sie es nun auch wieder nicht. Also humpelte sie zur Haltestelle an der Straße und fuhr mit dem Inselbus zu Dr. Sörensens Arztpraxis, die in einem alten Fischerhaus in der Altstadt lag.

Andrea nahm sie am Tresen in Empfang. «Moin, Sandra, was hast du?», fragte sie besorgt.

«Ich bin mit dem Rad auf den rechten Knöchel geknallt.»

Andrea nickte. «Setz dich kurz ins Wartezimmer, ich sehe zu, dass du schnell drankommst.»

Sandra humpelte ins volle Wartezimmer. An den Wänden hingen Fischernetze und Glaskugeln, dazwischen waren Tuborg-Bierdeckel befestigt. Sehr ungewöhnlich für eine Arztpraxis, aber es passte zur Insel.

Nach kurzer Zeit kam Andrea herein. «Sandra bitte zum Röntgen.»

Sandra stand auf, Andrea bot ihr stützend den Arm. Fast hatte sie ein schlechtes Gewissen, dass sie wegen ihrer Beziehungen zum Personal eher drankam. Andererseits war der Schmerz im Knöchel kaum auszuhalten.

Sie legte sich auf den Röntgentisch. Andrea positionierte den Knöchel genau unter die Kamera, dann ging sie kurz hinaus, um sich vor den Strahlen zu schützen. Nach wenigen Minuten kam Dr. Sörensen herein, der Inselarzt mit dem weißen Bart. Er hatte das Ergebnis der Röntgenaufnahme schon auf seinem Rechner.

«Nichts gebrochen, nur geprellt», stellte er fest. «Was blöderweise genauso weh tun kann. Wie ist das überhaupt passiert?»

Sandra erzählte ihm von dem Sturz, ohne ihre Übermüdung zu erwähnen.

«Radfahren ist schlimmer als Kickboxen», meinte Sörensen. «Ich fahre deswegen seit Jahren nicht mehr.»

Das fand Sandra reichlich übertrieben.

Sörensen schaute ihr in die Augen. «Was schätzt du, was ich dir empfehlen werde?»

«Meinen Knöchel zu schonen?»

Er lächelte. «Genau das wäre mein Text gewesen. Aber

du hältst dich bestimmt nicht dran, deswegen kann ich mir das wohl sparen.»

Sandra rieb sich die Augen und gähnte.

«Du wirkst gestresst», stellte Sörensen fest.

«Wie kommst du drauf?»

«Deine Körperhaltung, die Haut, alles. Deswegen bist du wahrscheinlich auch gestürzt.»

Oh Gott, so offensichtlich war das?

«Da ist vielleicht was dran. Ich schone mich in Zukunft etwas, dann wird das wieder.»

Er legte ihr einen Verband an und verschrieb ihr ein stärkeres Schmerzmittel, dazu gab er ihr zwei Schlaftabletten. Andrea wollte ihr noch Stützen mitgeben, was Sandra aber ablehnte.

Sie humpelte auf der Promenade an der kleinen Inselbuchhandlung vorbei nach Hause. Normalerweise war das kein besonders weiter Weg, aber mit dem schmerzenden Knöchel stellte es eine sportliche Höchstleistung dar.

In der folgenden Nacht schlief sie mit Hilfe von Sörensens Tabletten das erste Mal seit langem acht Stunden durch.

26.

Mit schmerzendem Knöchel stand Sandra auf dem Achterdeck der Fähre und gönnte sich eine kurze Pause. Dr. Sörensen hatte ihr abgeraten, sofort wieder zu arbeiten, aber alleine zu Hause hielt sie es nicht aus. Sie atmete tief durch. Die Luft war klar, man konnte bis zum Horizont blicken. Sie fröstelte, obwohl es nicht besonders kalt war. Jetzt hätte sie gerne eine Zigarette geraucht, das erste Mal seit zehn Jahren.

Vor einer halben Stunde hatte Tim mit schlechten Nachrichten angerufen: Alle bisherigen Bewerber hatten abgesagt. Kurzfristig könnten sie den Autoscooter nur weit unter Preis verkaufen. Damit wurde es eng für sie.

Allein die Vorstellung, dass sie zurück zum Jahrmarkt musste, schnürte ihr die Luft ab. Alles, was sie bei Greta gelernt hatte, würde sie innerhalb kurzer Zeit wieder vergessen, denn dort fehlten ihr das richtige Umfeld und die Zeit, um in der Übung zu bleiben. Vielleicht war es auch egal, es war ja auch früher ohne Lesen und Schreiben gegangen. Obwohl sie sich da etwas vormachte. Es hatte sie gegeben, die peinlichen Situationen auf dem Amt oder beim Arzt, wenn sie sich etwas durchlesen sollte und es nicht konnte. Ihre negativen Gedanken versammelten sich vor ihr auf dem Achterdeck und zwangen sie, jedem einzelnen von ihnen tief in die Augen zu schauen. Feige und linkisch sahen sie aus.

«Du bist einfach zu dumm», behauptete der eine.

«Du packst es nicht, nirgends», fügte ein anderer hinzu. «Was du auch tust, letztlich wirst du überall auf die Schnauze fliegen.»

Sandra verschränkte die Arme. «Ihr verschwindet unter Deck!», brüllte sie. «Ich will nichts mehr von euch hören, habt ihr verstanden?»

Sie zuckten zusammen und schlichen davon. Doch eine halbe Minute später waren sie wieder da.

Die Fähre legte auf dem Festland an, die Leute gingen von Bord. Hinnerk kam hoch zu ihr aufs Achterdeck. «Ich brauche dich auf der Rückfahrt wieder im Service. Ludwina ist nicht gekommen, alleine schaffe ich das nicht.»

Nicht auch noch das, bitte nicht!

Aber Sandra fehlte die Kraft, um sich zu wehren. Ihr Knöchel schmerzte bei jedem Auftreten. Putzen ging irgendwie, da war sie allein und konnte sich immer irgendwo abstützen. Aber mit einem Tablett in der Hand herumzulaufen, war zu anstrengend.

«Mann, Hinnerk, ich bin wirklich keine Kellnerin. Außerdem habe ich was am Knöchel», sagte sie schwach.

«Letztes Mal lief es doch wie geölt. Du bist schnell, du kannst mit den Leuten – für mich bist du die geborene Tresenkraft …»

«Danke für die Blumen, aber ich putze lieber.»

«Ich verstehe dich nicht.»

«Musst du auch nicht.»

Er nickte. «Aber jetzt bist du dabei?»

«Habe ich eine andere Wahl?»

«Bitte rette mich!»

«Na, wenn es so schlimm steht.»

«Danke.»

Es war wieder rappelvoll im Schiffsrestaurant. In der Hauptsaison saßen hier viele Feriengäste, die sich über die Autobahnen bis zum Hafen gequält hatten und nun, auf der Fähre angekommen, ihren Urlaubsbeginn genießen wollten. Sandra schaute hinüber zur Insel, wenigstens war das Hafenfest vorbei, die Lichter der Inselhauptstadt strahlten wieder die gewohnte Ruhe aus.

Sie drängte die negativen Gedanken beiseite und stürzte sich ins Getümmel. «Was kann ich für euch tun?», fragte sie in eine Runde mit drei Paaren, die an einem langen Tisch saßen. Es kam ihr so vor, als kannte sie sie vom letzten Mal, aber das war wohl nur Einbildung. Sie nahm die Bestellungen auf, machte sich hier und da ein paar Notizen. «KK» stand zum Beispiel für Käsekuchen, «LM» war Latte macchiato usw. Das meiste merkte sie sich im Kopf.

Schnell stellte sich heraus, dass die willkürliche Mischung aus Schreiben und Merken ein schwerer Fehler gewesen war, denn nun ging alles durcheinander. Für diese Taktik war hier heute einfach zu viel los. Praktisch niemand bekam, was er bestellt hatte, bis auf den Mann mit der Butterbrezel. Hinnerk sprang ein, um zu retten, was nicht zu retten war. Immerhin war sie so abgelenkt, dass sie ihren Knöchel gar nicht mehr spürte, er war wie betäubt.

Zwischendurch packte Sandra wieder in der Küche mit

an, füllte Gläser, schmierte Brötchen, guckte nach den Pommes. Zweimal fiel ihr ein Tablett auf den Fußboden. Obwohl sie eigentlich keine Zeit hatte, musste sie jetzt auch noch Scherben aufsammeln und den Boden feudeln.

Nach einer Dreiviertelstunde näherte sich die Fähre endlich dem Hafen. In ihrem Kopf dröhnte es wie auf dem Jahrmarkt, wenn zehn verschiedene Musikstücke gleichzeitig gespielt wurden.

«Ist heute echt nicht mein Tag», sagte sie zu Hinnerk.

Der zuckte nur mit den Achseln. «Es kommen auch wieder andere Zeiten.» Er war wirklich ein netter Kollege, andere wären an seiner Stelle ausgeflippt.

Abends in ihrer Wohnung setzte sie sich aufs Bett, legte den Fuß hoch und schaltete den Fernseher ein. Vielleicht nahte dort die Rettung. Die zwanzig Lottoscheine lagen um sie herum auf der Decke ausgebreitet. Nie hatte sie die Ziehung der Lottozahlen interessiert, aber nun wurde es die wichtigste Sendung ihres Lebens. Sie war hellwach.

Die eine oder andere Zahl war natürlich dabei. Aber insgesamt hatte sie mit all den Scheinen nur vier Mal drei Richtige. Das schlimmste Desaster wurden Spiel 77, Super 6 und GlücksSpirale: Sie kam am Schluss auf gerade mal vierzig Euro.

Plötzlich stiegen ihr Tränen in die Augen. Sie fühlte sich wie eingesperrt, ihr Zimmer war zu eng, und ihr Brustkorb auch. Dazu puckerte der Knöchel, das Kellnern hatte nicht gerade gutgetan. Da kam ihr ein gemeiner Gedanke, den sie erst nicht wahrhaben wollte, aber er ließ sich nicht vertreiben: Die Wurzel allen Übels war im Grunde Björn!

So schön es war, dass es ihn gab, so kräftezehrend war es für sie. Letztlich hatte sie seinetwegen den Stress mit dem Lesen- und Schreibenlernen auf sich genommen, und das neben der Arbeit. Ohne Björn und den Lesekreis wäre sie in den letzten Wochen eine zufriedene Frau auf einer wunderschönen Insel gewesen, die auf einer Fähre ihr Geld verdiente. Und sich nebenbei Geschichten ausdachte, die sie aber für sich behielt. Genau das wollte sie wieder sein! Dazu musste sie sich als Erstes diesen Mann aus dem Kopf schlagen.

Der Knöchel meldete sich erneut. Sandra stützte sich an der Terrassentür ab und überlegte: Würde es überhaupt funktionieren, Björn einfach aufzugeben, nur weil sie es mal eben so beschlossen hatte? Sie seufzte. Es musste einfach sein! Sie war komplett am Ende ihrer Kräfte und musste jetzt an sich denken. In Gedanken machte sie Schluss mit Björn.

Egal, wie viel sie lernte, es würde sowieso nie reichen, um ihm auf Augenhöhe zu begegnen. Und dann bestand ja immer noch die Gefahr, dass er herausbekäme, wie es um ihr Lesen und Schreiben stand. Dann würden es nach und nach alle auf der Insel erfahren. So etwas sprach sich immer rum. Nein, es war besser, sich gegenseitig diese Peinlichkeit zu ersparen. Noch war es nicht zu spät. Es war ja noch nichts passiert.

Wirklich besser ging es ihr nach diesem Entschluss nicht, aber das würde vielleicht noch kommen.

Obwohl alles schon schwierig genug war, regnete am nächsten Tag das Pech noch einmal heftig auf sie herab. Morgens wachte sie mit Kopfschmerzen auf, dann brannten ihr in der Küche die Spiegeleier an, anschließend rutschte sie im Garten von einem der Hügel ab und knickte erneut um. Sie biss die Zähne zusammen. Im Supermarkt um die Ecke fiel ihr der Einkaufskorb aus der Hand, alles kullerte auf den Boden. Ihr Körper fühlte sich bleischwer an, sie kam kaum noch voran, ihr Energielevel war am Boden.

Zum Glück hatte sie heute frei, aber das nützte nichts: Zu Hause legte sie sich wieder ins Bett, doch an Schlaf war nicht zu denken. Sie lag da, starrte die Decke an, und ihre Gedanken fuhren Achterbahn.

Gegen Mittag stellte sie fest, dass sie die wichtigsten Sachen beim Einkaufen vergessen hatte: Kaffeefilter, Brot und Käse. Aber es fehlte ihr die Kraft, noch mal rauszugehen, also verzichtete sie und machte sich Tee in einer Thermoskanne. Zum Glück fand sie im Schrank noch zwei Scheiben Knäckebrot. Anschließend legte sie sich auf die Couch und döste vor sich hin.

Später zog es sie dann doch noch mal raus an die frische Luft. Der Himmel war bedeckt, es war windstill, ein paar winzige Wellen schwappten an Land. Gerne wäre sie zur Düne gewandert, aber längeres Laufen war in ihrem Zustand unmöglich.

Also holte sie Gerkes Elektrofahrrad aus der Garage, das sie mit benutzen durfte. Sie schaltete den höchsten Gang ein, damit fuhr sie fast ohne Widerstand zum Hafen. Gerade verließ die Fähre die Insel, die Touristen drängten sich auf dem Achterdeck. Einige Unbelehrbare fütterten die allgegenwärtigen Möwen, trotz der Verbotsschilder.

Die Hinterlassenschaften der Seevögel mussten die Putzfrauen später mühsam entfernen, das war zum Glück gerade nicht ihre Aufgabe.

Sie sah wieder Gretas Freund Florian, der den Motor seines Wasserflugzeugs anwarf und dann loszischte. Nach wenigen Metern hob er ab. Wenn sie schneller am Steg gewesen wäre, hätte er sie vielleicht mitnehmen können. Am Kai stand Fische-Godbersen, bereit, zu einer Hochseeangelfahrt auszulaufen.

Sie ließ den Blick umherschweifen, während sie weiterging, und entdeckte immer mehr vertraute Gesichter. Jan betankte seinen Kutter, Ellen fummelte vor dem Polizeirevier im Kofferraum ihres Dienstwagens herum. Und aus der Ferne sah sie eine Silhouette auf sich zukommen ... Björn! Er schob sein Rennrad gerade am Revier vorbei. Er entdeckte sie sofort und winkte ihr zu.

Es war ein Schock: Plötzlich war Björn kein bloßer Gedanke mehr, sondern ein realer Mensch. Aber sie wollte nicht mit ihm sprechen. Auf keine seiner Nachrichten, die er ihr in den letzten Tagen geschickt hatte, hatte sie reagiert. Was hätte sie ihm auch sagen sollen?

Also tat sie so, als hätte sie ihn nicht gesehen, was zugegebenermaßen schäbig war. Björn sprang auf sein Rennrad und trat in die Pedale, wohl um zu ihr zu fahren. Er würde etwas brauchen, weil er einmal um das Hafenbecken musste. Kurz entschlossen radelte sie zum Kai, schloss das Fahrrad an und begab sich auf Godbersens Kutter, auf dessen Deck sich ein Dutzend Touristen befand.

Godbersen sah sie erstaunt an: «Moin, Sandra! Willst du angeln?»

«Nimmst mich mit?», keuchte sie. «Ich brauche frische Meeresluft.»

Als wenn es die auf der Insel sonst nicht gab – aber er kommentierte das zum Glück nicht weiter.

«Klar. Ich mache aber nur die kurze Tour.»

«Langt.»

Godbersen löste die Leinen und tuckerte los. Sandra ging auf die Seite des Kutters hinter der Brücke, die vom Kai abgewandt war. Aus dem Augenwinkel sah sie, dass Björn nun am Kai angekommen war. Er rief ihr etwas zu. Sie tat weiter so, als hätte sie ihn nicht bemerkt.

Der Kutter nahm Kurs auf die offene See und fing leicht an zu schaukeln. Am liebsten wäre sie jetzt bis Manhattan durchgefahren, wie in Jans Kurzgeschichte.

«Und wo stammst du her?», fragte sie ein älterer Herr mit einer Pudelmütze aus dem Touristenshop, auf der in weißen Lettern «Moin, Moin» stand. In der Hand hielt er eine Hochseeangel.

«Prüm in der Eifel», sagte sie schnell. Sonst hätte sie die ganze Zeit über die Insel reden müssen, und das wollte sie gerade nicht.

«Unsinn, du bist doch längst Insulanerin, Sandra», korrigierte Godbersen sie von der Brücke aus. Das war das größte Kompliment, das ein geborener Insulaner ihr machen konnte.

«Wat'n nun? Prüm oder Insulanerin?», fragte der Angler.

«Na ja, ich war lange Zeit Botschafterin für die Insel auf dem Festland», erklärte Sandra. Vielleicht tat es gut, ein bisschen dumm zu quatschen, statt aufs Meer zu schauen und an Björn zu denken. Unter Menschen funktionierte sie immer, egal, wie sie sich fühlte, das war schon auf dem Jahrmarkt so gewesen.

«Botschafterin?», kicherte der Mann. «Mit Diplomatenpass und allem?»

Von der Brücke meldete sich Godbersen. «Ach so, das wissen Sie gar nicht? Die Insel macht sich gerade unabhängig vom Festland.»

«Nicht wahr!»

Godbersen zog seine hoch seriöse Amtsmiene auf. «Ist bei der UNO längst eingereicht. Wir bekommen bald auch eine eigene Währung. Ein ‹Insulaner› entspricht ungefähr einem Euro, ist aber mehr wert.»

«Seemannsgarn», rief einer der Angler lachend.

«Herr Godbersen ist unser Bürgermeister, und der wird es ja wohl wissen», sagte Sandra. Die Unabhängigkeit der Insel war eines seiner Lieblingsthemen. Es wirkte immer wie ein Scherz. Aber jeder, der Godbersen näher kannte, wusste: Er meinte es eigentlich ernst. Und so bekamen die Touristen einen kleinen Vortrag in friesischer Geschichte, dem jahrhundertelangen Kampf gegen die dänische Obrigkeit und so weiter. Währenddessen warfen sie weiter ihre Angeln ins Wasser – leider fing nur einer einen Fisch.

Die Ablenkung tat ihr gut. Aber sobald sie wieder länger aufs Meer blickte, spürte sie die bleierne Schwere zurückkehren. Dass sie bei der frischen Luft Kopfschmerzen bekam, war abartig. Sie musste etwas dagegen tun, und zwar sofort! Wenn ein Schiff unterzugehen drohte, musste man Ballast abwerfen, und genau das tat sie jetzt.

Als Erstes teilte sie per WhatsApp mit, dass sie nicht mehr zum Lesekreis kommen würde.

Dann kündigte sie das Lesenlernen bei Greta.

Anschließend schaltete sie ihr Handy aus.

27.

Alle guten Vorsätze halfen nichts: Sobald Sandra in ihrem Zimmer allein war, ging das Kopf-Karussell wieder los, und sie fing an, von Björn zu träumen. Sie spazierten gemeinsam im Watt, saßen im Straßencafé, lagen nebeneinander auf der Düne, die Gesichter dicht an dicht.

«Ich hätte nie gedacht, dass ich einem Menschen mal so nahe sein würde wie dir», flüsterte sie.

Er rückte näher.

«Und ich hätte nie gedacht, dass ich so eine Frau wie dich kennenlernen würde», raunte er. «Du tust mir gut.»

«Und du mir erst.»

Sie zog rasch die Vorhänge zu, damit niemand von außen sehen konnte, dass sie zu Hause war. Und träumte weiter.

Irgendwann klingelte es an der Tür, dreimal sogar, vielleicht war es Björn? Aber sie öffnete nicht. Später klopfte es von außen an der Terrassentür. Dann wurde die Tür einfach geöffnet. Mist, sie hatte vergessen, abzuschließen! Vor Anspannung wurde ihr schlecht.

«Moin, Sandra.» Greta war ins Zimmer getreten. Sie trug ein hellblaues Sommerkleid, das ihr hervorragend stand.

«Moin.»

«Entschuldigung, dass ich hier so reinplatze, aber ich wollte nur mal gucken, ob bei dir alles okay ist.»

«Wieso?»

«Na, du kommst gar nicht mehr zu mir, und ans Handy gehst du auch nicht …»

«Mir geht es bestens, siehste ja.»

Ihr Gesichtsausdruck sah mit Sicherheit nicht so aus, als wenn das stimmte.

«Wieso kommst du nicht mehr zum Lernen? Auch im Lesekreis machen sich alle Sorgen.»

«Das ist ja wohl freiwillig, oder etwa nicht?», brach es aus ihr heraus. Eigentlich wollte sie gar nicht so pampig sein, zumal Greta es ja wirklich gut mit ihr meinte.

«Du denkst doch nicht etwa daran, aufzugeben?», fragte Greta.

Sandra wich ihrem Blick aus.

«Mensch, Sandra, du bist so weit gekommen!»

«Na ja.»

Greta trat einen Schritt auf sie zu. «Noch ein kleines bisschen, und du stehst für alle Zeiten auf der sicheren Seite. Versprochen.»

Sandra schüttelte den Kopf. «Was lesen und schreiben anbelangt, werde ich nie auf der sicheren Seite stehen.»

«Wer behauptet das?»

«Ich brauche einfach eine längere Pause», sagte sie statt einer Antwort.

«Björn sucht dich übrigens überall. Er versteht auch nicht, was mit dir los ist.»

Sandra schaute auf die geschlossenen Vorhänge. «Ich bin ihm nichts schuldig.»

«Hattet ihr Streit?»

Sandra schüttelte den Kopf. «Sag ihm, ich habe keine Lust mehr auf den Lesekreis. Ich mache jetzt lieber Stricken an der Volkshochschule.»

Greta lupfte die rechte Augenbraue. «Und das soll er dir glauben?»

«Egal, er ist einfach nicht mein Typ.»

«Das klang schon mal anders.»

«Ach wirklich?»

«Was ist bloß los mit dir, Sandra?»

«Ich kann nicht mehr, das ist alles.» Sie war kurz davor, loszuheulen.

Greta zuckte die Achseln, murmelte einen Abschiedsgruß und verließ das Zimmer.

Am nächsten Tag ging Sandra wieder zum Putzen auf die Fähre. Mit ihrem Knöchel ging es schon besser, jedenfalls bildete sie sich das ein.

Die Arbeit fühlte sich an wie Urlaub von ihren schlechten Gedanken. Nach dem letzten Desaster als Kellnerin war sie nun wenigstens vor dem Restaurant sicher, Hinnerk würde sie so schnell nicht wieder fragen. An Bord der Fähre war für sie jedes Detail vertraut: die Stellen an der Reling, an der die Farbe abgeblättert war, die kleinen Macken an den Treppenaufgängen. Sie atmete auf.

Sie leerte die Mülleimer auf dem Autodeck. Heute trug sie einen Overall mit dem Reederei-Emblem und Plastikhandschuhe. Die Fähre hatte vor einer Viertelstunde im Hafen angelegt, die Autos vom Festland waren von Bord gefahren, nun rollten die neuen Fahrzeuge von der Insel heran. In dem Moment erfassten sie zwei Scheinwerfer eines Campingmobils. Schnell sprang sie zur Seite, aber es war zu spät. Als der Fahrer den Motor ausstellte, erkannte sie, dass es Björn war.

Um Gottes willen, was sollte sie jetzt tun? Weglaufen wäre albern, dafür war es zu spät. Er stieg aus und kam direkt auf sie zu. Mit seiner gut sitzenden schwarzen Jeans und dem dunkelblauen Kapuzenpullover sah er sehr lässig aus. Sein Gesicht war ernst.

«Du?», fragte sie.

«Du?», fragte er zurück.

«Ich arbeite hier.»

«Ich weiß.»

Sie merkte, wie sich ihr Körper versteifte. «Fährst du in Urlaub?»

Er nickte. «Nord-Norwegen.»

«So weit weg?»

«Kein Internet und kein Telefon.» Er schaute an ihr vorbei.

«Und die Lesung?»

«Fällt für mich aus.»

«Echt?» Sie kam sich furchtbar blöd vor.

«Urlaub ist wichtiger.»

Schweigen.

«Und du ziehst bald mit dem Jahrmarkt durch die Gegend, hab ich gehört?»

«Alte Familientradition. Ich bin da aufgewachsen.»

«Der Autoscooter von deinem Cousin?»

«Ja. – Na gut, ich muss dann mal wieder.»

«Schönen Tag noch.»

«Selber auch, und guten Urlaub.»

Sie drehte sich um und ging ins Treppenhaus. Als sie sicher war, dass sie außer Sichtweite war, rannte sie los. Tränen stiegen ihr in die Augen. Das war das schlimmste, dümmste, verlogenste Gespräch, das sie je geführt hatte. Komplett gegen ihre Gefühle. Und ausgerechnet mit dem Mann, den sie so sehr begehrte! In einem anderen Leben wäre sie einfach auf den Beifahrersitz des Campingmobils geklettert und mit ihm weggefahren. Aber so etwas gab es wohl nur im Kino. Da würde jetzt ein Orchester mit schluchzenden Geigen und einem harten Beat darunter einsetzen. In Wirklichkeit gab es nichts Derartiges, da tuckerte die Fähre einfach stumpf weiter, als wenn nichts gewesen wäre.

Sie schlich ins Restaurant, das heute erstaunlich leer war. Als Erstes schaute sie sich um, ob Björn zufällig dort saß, aber er war wohl aufs Vorderdeck gegangen. Hinnerk bestückte hinterm Tresen ein Tablett mit Korn und Bier. Sie zückte ihr Handy und wählte Franziskas Nummer. Auf gar keinen Fall wollte sie heute Abend allein sein.

Franziska war erstaunt, sie zu hören. Noch erstaunter war sie, als Sandra ihr vorschlug, später gemeinsam ins «Erdbeerparadies», die älteste Disco auf der Insel, zu gehen. Aber natürlich war sie sofort dabei, sie verabredeten sich für acht Uhr.

Als Sandra zum Autodeck zurückging, um die restlichen Mülleimer zu leeren, bereute sie es schon wieder.

Nach Feierabend radelte Sandra nach Hause, duschte dort ausgiebig, und schon fühlte sich die Welt ein kleines bisschen besser an – bis Tim anrief und ihr mitteilte, dass auch der letzte Interessent für den Scooter abgesagt hatte. Aber er wollte nicht aufgeben und weitersuchen.

Als Sandra auflegte, wusste sie: Es war aussichtslos. Zusammen mit dem desaströsen Abschied von Björn war das alles zu viel. Sie setzte sich aufs Fahrrad und radelte die paar Kilometer zum Erdbeerparadies hinüber. Die salzige Inselluft tat ihr gut, heute war sie zusätzlich noch durchsetzt von frisch gemähten Wiesen.

Nach einer Viertelstunde bog sie auf das Grundstück mit dem unscheinbaren flachen Gebäude ein. Von außen sah es nach nichts aus, innen war es ein eigenes Universum.

Im Erdbeerparadies fand heute eine Ü-30-Party statt, der Saal war voll. Durch die Fensterscheibe neben dem Eingang hatte Sandra Hinnerk und ein paar Steuermänner von der Fähre entdeckt. Franziska tauchte stark geschminkt vor ihr auf, mit tiefem Ausschnitt im Edel-T-Shirt und hochhackigen Sandalen. Alles etwas dicke für die rustikale Inseldisco.

«Wo hast du die letzten Tage nur gesteckt?», fragte Franziska. «Ich habe dir tausend Nachrichten geschickt. Willst du wirklich mit dem Lesekreis aufhören?» Ihre Freundin sah sie mit großen Augen an.

«Ich muss.»

«Aber wieso?»

«Es wird mir gerade alles zu viel», stammelte Sandra. «Vor allem wegen der Arbeit.»

«Das kannst du uns nicht antun! Björn ist auch schon abgesprungen, ich vermute, deinetwegen.»

Mit einem Mal wurde Sandra klar, dass sie eine Entscheidung getroffen hatte.

«Hör zu, ich werde die Insel verlassen, und zwar bald und für immer. Aber sag den anderen bitte noch nichts davon, ja?»

«Was? Ganz weg? Aber wieso?»

«Ich werde das Geschäft meiner Eltern übernehmen.»

«So plötzlich?»

«Es geht nicht anders.»

«Und unsere Lesung?»

Als wenn die jetzt noch wichtig wäre.

Sie würde zurück auf den Jahrmarkt gehen und ohne Björn weiterleben. Ihr Entschluss stand fest.

28.

Sandra stand auf dem Vorderdeck der Fähre, die sie zum Jahrmarkt auf die Nachbarinsel brachte. Es war eine Art Test, ob sie nach all den Jahren noch in der Lage war, den Autoscooter zu führen. Obwohl, wenn sie ehrlich war: Was sollte dabei herauskommen? Es *musste* klappen. Sie hatte ihren gesamten Resturlaub genommen. Die endgültige Kündigung bei der Fährreederei würde sie losschicken, wenn sie nach einer Woche noch mal für ein paar Tage auf ihre Heimatinsel zurückkehrte. Hoffentlich würde es dann keinen Ärger geben. Aber was sollte sie tun? Wenn sie sich sicher war, würde sie einfach gehen.

An der Steuerbordseite sah sie die Orte vorbeiziehen, an denen in den letzten fünf Jahren ihr Leben stattgefunden hatte: die Fischerhäuschen in der Altstadt, die Promenade mit dem Leuchtturm, dann die kleine Inselbuchhandlung, kurze Zeit später Gerkes Villa. Sogar von hier aus waren die Hügel im Garten zu erkennen.

Leider war die Insel ein Luxus, den sie sich nicht mehr leisten konnte.

Der Wind fuhr ihr von hinten in die Haare und zerrte sanft an ihrer Frisur. Sie ließ es geschehen. Auf dem Wasser wurden feine Kräuselungen sichtbar, die wie Ziselierungen auf edlem Glas aussahen, dazwischen schwappten kleine Wellen auf und ab.

Auf dem Autodeck unter ihr standen zwei Lastwagen mit langen Aufliegern. «Autoscooter Malien» stand darauf. Zusammen mit den beiden Wohnwagen, die dazugehörten, nahmen sie einen großen Teil der Gesamtfläche des Decks ein. In dem einen Caravan wohnten die polnischen Helfer Tomasz und Jarek, in dem anderen Tim mit seinen Kindern.

«*Ich* will Sandra die Cola geben», hörte sie eine Stimme hinter sich.

«Nein, *ich*!»

Isi und Max kamen auf sie zugerannt und reichten ihr gemeinsam die Colaflasche.

«Danke, ihr Süßen.»

«Liest du uns heute Abend wieder was vor?», fragte Isi.

«Na klar!» Sandra schluckte. Ob sie sich Vorschullesebücher schon zutrauen konnte? Zum Glück waren sie ja meist bebildert, im Notfall fiel ihr immer etwas dazu ein.

Hinter den Kindern tauchte Tim auf, der ebenfalls eine Cola in der Hand hielt. «Alles klar?», fragte er und stellte sich neben sie an die Reling. Die Kinder rannten auf die andere Deckseite, um sich die Rettungsboote genauer anzuschauen.

«Ich bin bereit.»

«Es fällt dir schwer, oder?»

«Ja. Aber es ist richtig.»

«Du musst dahinterstehen, sonst hat es keinen Zweck.»

«Es wird gehen.»

«Wirklich?»

«Wenn ich es doch sage.»
«Okay.»

Die Nachbarinsel war ungefähr halb so groß wie ihre Heimatinsel. Im Grunde war es nur eine riesige Düne im Meer, mit Wald und einem Strand, der bis zu einem Kilometer breit war. Das letzte Mal war Sandra bei der Wattwanderung mit dem Lesekreis hier gewesen. Ihr wurde schwer ums Herz, als sie daran dachte. Schnell drängte sie die Erinnerung beiseite.

Als die Fähre in den Hafen einlief, stiegen sie in die Lkw. Sie rollten von Bord und hielten gleich schon wieder: Der Jahrmarkt würde direkt am Hafen stattfinden. Tim und seine Helfer parkten die Lastwagen, in dessen Aufliegern der Scooter lagerte, präzise an die markierte Stelle. Der Aufbau lief routiniert, Jarek und Tomasz, die schon seit Jahren mit Tim reisten, waren ein eingespieltes Team. Sie wussten genau, was zu tun war, und packten kräftig an. Wände und Decken wurden ausgefahren, dann wurden die Platten für die Fahrfläche gelegt. Sandra stand natürlich nicht untätig daneben, die meisten Handgriffe hatte sie noch von früher drauf. Mit Werkzeugen wie Schnarre und Schraubschlüssel konnte sie im Schlaf umgehen, so etwas verlernte man nicht. Sie wusste, wo genau die Kanthölzer hingehörten und wann man besonders aufpassen musste.

Als sie einige Stunden später das erste Mal wieder im Kassenraum am Mischpult saß, stellte sie fest, dass sie von hier aus sogar Meerblick hatte. Sie fühlte sich wie die Kapitänin eines Kreuzfahrtschiffes und war bereit zum

Ablegen. Tim stellte den Strom an und hob grinsend den Daumen. Die Musik hämmerte aus den Boxen, er hatte netterweise Titel aus ihrer Jugend auf die Playlist gesetzt, Michael Jackson war einer davon. Ob sie den Moonwalk noch draufhatte? Das wollte sie lieber nicht ausprobieren. Bei «Highway to Hell» fuhr sie die Lautstärke noch einmal extra hoch, dann sprangen Tim und sie in jeweils ein Auto und fuhren los. Ihr altes Ritual. Sie drehten sich synchron rückwärts zur Musik von AC/DC, bis ihr schwindelig wurde. Es sah noch so lässig aus wie damals, sie hatten es halt jahrzehntelang geübt.

Der Jahrmarkt war klein, die meisten Schausteller kannte sie noch. Alle freuten sich, sie wiederzusehen, das machte ihr Mut. Es würde gut werden.

Tims Vater, ihr Onkel Harry, kam auf dem Weg zu seiner Krake vorbei und begrüßte sie herzlich: «Hallo, Sandra, schön, dass du wieder dabei bist. Das letzte Mal hätte ich dich fast nicht erkannt.»

«Hey, willst du damit etwa sagen, ich bin älter geworden?»

Er grinste sie breit an. «Auf keinen Fall.» Dann deutete er auf seinen kahlen Kopf. «Ich habe mir ja auch eine neue Frisur zugelegt.»

«Sieht sehr natürlich aus.»

«Pass bloß auf.» Er drohte ihr scherzhaft mit dem Zeigefinger.

Es war, als wäre sie nie woanders gewesen.

Am ersten Abend lud Tim sie zum Essen ein. Sie gingen ausgerechnet in die «Blaue Maus», die Kneipe, in die sie nach der Wattwanderung mit den Leuten vom Lesekreis eingekehrt war. Isi und Max fanden die Galionsfiguren, die ausgestopften Tiere und die maritimen Schiffsbilder auf Holz natürlich hochspannend. Tim setzte sich unter die Frauenfigur mit dem roten wallenden Kleid und dem üppigen Dekolleté. Sandra nahm Björns Platz unter dem Käfig mit dem ausgestopften Papagei ein.

Danach fuhren sie wieder zum Jahrmarkt zurück. Für die Tage auf der Nachbarinsel hatte Tim ihr netterweise einen geräumigen Wohnwagen besorgt, den sie ganz für sich alleine hatte. Er stand hinter dem Scooter, und wenn man sich etwas reckte, konnte man von einem Fenster aus einen Zipfel des Meeres sehen. Der Innenraum war mit edlem Rosenholzfurnier ausgeschlagen, es gab ein modernes kleines Badezimmer, und vor dem riesigen Bett war ein Flachbildfernseher angebracht.

Sie warf sich auf die Matratze und streckte sich einmal lang aus. Da klopfte es auch schon an der Tür. Die Zwillinge wollten zu ihr, sie hielten einen kleinen Bücherstapel in der Hand. Isi kam an Sandras rechte Seite, Max an ihre linke. Dann erzählte sie ihnen anhand der Bilder von der Raupe Nimmersatt. Sie schauten sich gemeinsam Wimmelbilder an und dachten sich Geschichten dazu aus. Sie hatten eine Menge Spaß zusammen, inklusive Kissenschlacht im Wohnwagen. Irgendwann holte Tim die beiden zu sich.

Sandra ging noch mal hinaus auf einen Nachtspaziergang am Meer. Sie schlenderte barfuß über den breiten Strand. Der Sand unter ihren Füßen war feucht und feinkörnig. Obwohl weit und breit niemand zu sehen war, fühlte sie sich nicht allein. Sie sah hier dieselben Sterne, dasselbe Meer und denselben Sand wie vor ihrer Wohnungstür. Richtung Norden blieb der Himmel im Sommer auch in der Nacht heller als der Rest, das war der Abglanz der Mittsommernächte. Irgendwo da blickte Björn vielleicht gerade auf denselben Himmel. Sandra stellte sich vor, wie er vor seinem Wohnmobil in der nordischen Wildnis saß, um ihn herum die Berge und das Meer. Am liebsten hätte sie sich solche Gedanken verboten, aber die Tür zu ihm sprang immer wieder einen Spalt auf.

Sie waren nicht gut auseinandergegangen, das ging ihr nach. Sandra wusste, dass es allein an ihr gelegen hatte. Sie war feige gewesen und hatte sich davor gedrückt, ihm die Wahrheit über sich zu sagen.

Sollte sie ihm eine Nachricht schicken, gegen alle Vernunft? Nein, sie durfte sich da nicht hineinsteigern. Vermutlich hatte er dort, wo er gerade war, sowieso kein Netz und würde die Nachricht gar nicht bekommen.

Der Wind wehte sanft, mit einem Hauch Kühle, die Wellen schlugen an den Strand, der Halbmond verzierte das Wasser mit seinen silbernen Spuren. Gegenüber blinkte der Leuchtturm am Südstrand ihrer alten Insel. Er stand gar nicht weit weg von Gerkes Haus. So schön würde sie wohl nie wieder wohnen. Hier am Meer hatte sie in den letzten Jahren Kraft getankt. Nur dafür, dass sie jetzt wieder auf dem Jahrmarkt einsteigen würde?

Langsam ging sie zu ihrem Wohnwagen zurück, der mit denen der anderen Schausteller in einer Wagenburg stand. Sie legte sich in ihr gemütliches Bett und hörte, wie die Wellen von draußen sanft an den Strand schlugen.

Die Dachluke stand offen. Von hier aus konnte sie in den Nachthimmel sehen, an dem unzählige Sterne leuchteten.

Kaum war sie zur Ruhe gekommen, erschien Björn wieder. Sie war zu müde, um sich dagegen zu wehren, und ließ es geschehen. Während sie langsam in ihre Träume sank, mischten sich Gegenwart und Vergangenheit. In ihrem Kopf wirbelte alles durcheinander – der Strand, der Breakdancer, der sich wie wild drehte, die Möwen, die versuchten, mit ihren Rufen dagegenzuhalten. Und irgendwo dazwischen war Björn.

29.

Am nächsten Tag startete der Jahrmarkt um Punkt vierzehn Uhr. Sie setzte sich ans Mischpult und fuhr die Musik hoch. Als Erstes spielte sie «Beat it» von Michael Jackson, wie damals, und zwar in der Lautstärke eines startenden Jets. Der salzige Meereswind pfiff durch die bunt bemalten Fahrgeschäfte, darüber legten sich der Geruch von Pommes und Zuckerwatte und die Musik. Touristen wie Einheimische strömten in Scharen herbei, als hätten sie seit Wochen nur auf den Autoscooter gewartet. Sandra thronte im Kassenhäuschen und kam aus dem Lächeln nicht mehr heraus.

«Sechs Fahrten, bitte», rief ein etwa fünfzehnjähriger Junge mit cooler Miene und legte das Geld abgezählt auf den Tresen unter der Glasscheibe.

«Geht klar», antwortete Sandra und schob ihm die Chips hinüber. «Fahr vorsichtig.»

Der Junge sah sie irritiert an.

Sie grinste. «War'n Witz. Fahr so bekloppt, wie es geht, dafür ist der Scooter erfunden worden.»

Danach kam ein Großvater mit seinem Enkel, der es nicht abwarten konnte. Genau wie früher hatten sich einige Jungs einen breitbeinigen Cowboy-Gang zugelegt, der aber noch nicht überzeugen konnte. Andere eierten mit einer unsicheren Körperhaltung auf das Kassenhäuschen zu. Viele telefonierten ganz cool, während sie mit dem Scooter herumrasten, die nächsten filmten sich gegenseitig mit dem Smartphone. Jetzt sprangen Jarek und Tomasz auf die Gummikante und sammelten die Chips ein. Einige hatten gleich zehn auf einmal gekauft, weil sie eine halbe Stunde nonstop fahren wollten. Wenn die Musik unterbrochen wurde und das laute Signal ertönte, dass es losging, bekamen alle ein Leuchten in den Augen. Einige Jungs legten das erste Mal in ihrem Leben den Arm um das Mädchen, das neben ihnen saß, und erhielten, je nachdem, sehr unterschiedliche Reaktionen.

Etwas später gab es an der Kante zum Fahrfeld Stress unter ein paar Jungs. Einer rempelte einen Blonden in Jeansjacke an, der schubste ihn zurück, und zwar ziemlich kräftig. So etwas kam auf dem Jahrmarkt manchmal vor, wenn zu viel Alkohol im Spiel war. Anscheinend ging es um ein Mädchen, eine dunkelhaarige, kaugummikauende Schönheit, die reglos danebenstand. Jarek und Tomasz rauchten gerade am Hafenkai eine Zigarette und hatten daher nichts mitbekommen. Also musste Sandra ran. Sie eilte aus dem Kassenhäuschen und lief auf die Jungs zu.

«Schluss jetzt!», brüllte sie.

Das Mädchen beschloss daraufhin ebenfalls, sich einzumischen. Was eigentlich vernünftig war, um die beiden Jungs zu beruhigen. Sandra hatte allerdings überhaupt nicht damit gerechnet, dass sie sich nun *ihr* entgegenwarf: Die wollte sie mit aller Gewalt wegschubsen!

Zum Glück war das Mädchen zu schwach, Sandra

schob sie ohne Probleme weg. Doch damit hatte sie sofort wieder beide Jungs gegen sich. Zu dritt bauten sie sich vor ihr auf und bedrohten sie mit Fäusten.

Anfängerfehler – warum habe ich nicht die Musik ausgemacht und den Alarm angestellt?, dachte Sandra. Sie bekam plötzlich Panik.

«Polizei! Ende, aus!», brüllte eine Stimme. Sandra traute ihren Augen nicht: Es war Ellen, die jetzt mit einem jungen, drahtigen Kollegen dazwischenging. Die aufsässigen Jungs gaben aber noch nicht auf, sie wollten einen auf dicke Macker machen und zeigten jetzt Ellen und ihrem Kollegen die Fäuste. Was eine sehr schlechte Idee war, denn Ellen besaß den schwarzen Gürtel im Judo. Sekunden später lagen beide Jungs mit Handschellen gefesselt am Boden und beschwerten sich auch noch lauthals. Ellen beachtete sie erst einmal gar nicht.

«Was machst du hier?», fragte Ellen Sandra.

«Das frage ich dich!»

«Ich habe ein paar Tage hier im Revier ausgeholfen, und du?»

«Genauso – in *meinem* Revier.»

Ein paar Polizistenkollegen kamen und nahmen die Jungen und das Mädchen mit zu ihrem Wagen.

«Danke dafür», sagte Sandra und deutete in Richtung der Jugendlichen.

«Da nicht für.»

«Was passiert jetzt mit denen?»

«Wenn sie sich beruhigt haben, bekommen sie ein Platzverbot, und wir lassen sie wieder laufen.»

Jetzt kam Tim herbeigeeilt, er war gerade bei der Bank

gewesen, um Wechselgeld zu besorgen. Er war höchst besorgt, als er hörte, was passiert war, und übernahm netterweise erst mal das Kassenhäuschen.

«Alles okay mit dir, Sandra?»

«Ja, es war mein Fehler, ich hätte den Alarm drücken sollen.» Dann hätten alle anderen Schausteller sofort eingegriffen, das war eine uralte Verabredung auf der Kirmes. Aber es war ja auch so gut ausgegangen – dank Ellen.

Die schaute über die Fahrfläche, auf der die Autos herumwuselten und sich rammten.

«Dein Geschäft?», fragte sie.

«Das meiner Eltern.»

«Du arbeitest jetzt hier?»

«Ja.»

«Wieso hast du all unsere Nachrichten nicht beantwortet?»

Das musste sie zugeben: Nachdem sie den Lesekreis gekündigte hatte, war die Gruppe auf ihrem Handy tabu für sie gewesen.

«Ich hatte einfach zu viel um die Ohren.»

Eine der blödesten Ausreden der Welt.

«Und unsere Lesung? Björn ist einfach in den Urlaub gefahren, du kannst uns nicht auch noch im Stich lassen! Dann sage ich auch ab.»

«Ich gehöre nun mal hierher», antwortete sie verlegen.

«Also, ich finde, du gehörst genauso zu uns in den Lesekreis.»

Das wollte Sandra gar nicht hören. «Man kann nicht alles haben.»

«Im Ernst, verlässt du uns wirklich für immer?»

Sandra zuckte mit den Achseln. «Putzen auf der Fähre war okay, aber das hier habe ich gelernt.»

«Mann, Sandra, jetzt tu doch nicht so cool! Wenigstens vermissen solltest du uns.»

Sandra schluckte. Ohne dass sie es verhindern konnte, wurden ihre Augen feucht und ihre Stimme brüchig. «Das tue ich auch, sehr sogar. Kannst du mir glauben.»

«Dann bin ich ja beruhigt.» Ellen lächelte.

«Und zu unserer Lesung komme ich, versprochen!» Das war Sandra jetzt so rausgerutscht. Und da Ellens Augen vor Freude aufblitzten, war es auch nicht mehr rückgängig zu machen. Sandra verfluchte sich innerlich. Aber dann wurde sie ganz ruhig: War es nicht auch schon egal? Eigentlich konnte sie da ganz locker rangehen: Wenn sie die Insel ohnehin verließ – was hatte sie dann noch zu verlieren? Selbst wenn es schiefging, war sie danach weit, weit weg. Und wenn es klappte, wäre es ein würdiger Abschied.

«Super! Wenn ich das den anderen erzähle, werden die Augen machen.»

Sie schlenderten gemeinsam am Breakdancer vorbei. Die offenen Kabinen drehten sich in hohem Tempo auf einer großen Scheibe und zusätzlich noch einmal um sich selbst. Dazu dröhnte der aktuelle Sommerhit aus den Boxen, und grelle Blitze stachen den Besuchern in die Augen. Wenn man hier mitfuhr, wusste man nach kurzer Zeit kaum noch, wo oben und unten war.

«Lust auf 'ne Runde?», fragte Sandra.

«Sonst immer, aber ich muss wieder zurück.»

Sie hielten kurz an einem Stand mit Lakritze, wo Sandra eine große Tüte für Ellen packen ließ.

«Als kleines Dankeschön für vorhin.»

«Danke. Wir sehen uns spätestens bei unserer Lesung», sagte Ellen zum Abschied. Am Fähranleger wartete schon ein kleines Polizeiboot auf sie.

«Obwohl ich mich jetzt schon davor fürchte», gab Sandra zu.

«Und ich nicht, oder was?» Ellen nahm sie in den Arm. «Du kannst nicht einfach so abhauen, Sandra. Wir hängen an dir, meine Liebe!»

Das war ungewohnt offen für Ellen, die sonst ihr Herz nicht gerade auf der Zunge trug.

Sandra räusperte sich. Sie merkte, dass sie den Abschied vom Lesekreis gerne umgangen wäre. Zum Glück war Björn weg im Norden, mit ihm wäre es gar nicht gegangen.

Ellen löste den Tampen und sprang an Bord. «Ich wollte dir noch was zum letzten Mal im Lesekreis sagen», rief sie.

«Ja?»

«Du solltest deine ‹Farben der Insel› mit Björns unsichtbarer Stadt im Watt verbinden. Das würde perfekt zusammenpassen.»

Sandra schluckte. «Gute Idee.»

Nur dass ihre persönliche Geschichte leider nicht mit Björns zusammenpasste.

Nachdem Sandra Isi und Max mit unzähligen Geschichten zu Bett gebracht hatte, setzte sie sich mit Tim in seinem Wohnwagen zusammen. Er war eingerichtet wie ein Zimmer in einem Mittelklassehotel, alles edle Materialien, Kirschholzfurnier an den Wänden, auch im Badezimmer.

Tim hatte bereits den Plan für die nächsten Wochen auf seinem Laptop.

«Nach der Insel geht's in die Schweiz», kündigte er an. «Da ist jemand ausgefallen, ich habe uns seine Termine gleich unter den Nagel gerissen. Da bleibst du dann bis Weihnachten.»

«Schnee und Almen ...», murmelte Sandra und seufzte. Das klang unendlich weit weg, wie auf einem anderen Planeten.

«Möchtest du lieber in ein Gewerbegebiet im Ruhrpott?» Tim lachte.

Sandra fühlte sich immer noch etwas überrumpelt. «Und ich soll den Scooter also gleich übernehmen?»

«Du kennst das Geschäft wie niemand anderes. Mit Tomasz und Jarek hast du ein tolles Team, auf die Jungs kann man sich hundertprozentig verlassen. Behandle sie gut, sie sind wertvoller als Gold. Ohne sie würde hier nichts laufen.»

«Ich kann aber immer noch keine Buchhaltung», gab Sandra zu bedenken.

«Das machen meine Eltern für dich, ich habe schon mit ihnen gesprochen.»

Ihr Onkel Harry hatte schon damals den Schriftkram für Mamu und Papu erledigt.

Vielleicht war es gar nicht schlecht, in die Schweiz zu gehen, das war dann wenigstens ein endgültiger Cut.

«Also gut», sagte sie.

Nachdem sie noch ein Gläschen Manhattan zusammen getrunken hatten, sagte sie ihrem Cousin gute Nacht und ging barfuß an den Strand, der schwach von Norden her erhellt wurde. Die Wellen ließen sich heute Zeit, sie brachen sich ganz langsam. Es war ein wunderbares Geräusch. Wie sehr würde sie das in den Bergen vermissen!

Sandra inhalierte die salzige, frische Meeresluft, als könnte sie sie für spätere Zeiten speichern. Dann zückte sie ihr Handy, um ihre Eltern anzurufen. Sie ging ein Stück ins Wasser, ihre hochgekrempelten Hosenbeine wurden nass, aber das war egal. Es fiel ihr nicht leicht. Sie drückte die vertraute Nummer in der Eifel.

«Hallo, Mamu?»

«Hallo, Tochter.» Das klang vielleicht distanziert, war aber herzlich gemeint.

«Wie läuft es bei euch?», fragte Sandra.

«Wir können kaum noch schlafen. Wie soll es bloß weitergehen?»

Sandra schaute aufs Meer. «Macht euch keine Sorgen, ich übernehme den Scooter.»

«Bist ... du sicher?», fragte ihre Mutter stockend.

«Ja.»

«Aber du hast dich doch so wohl auf deiner Insel gefühlt.»

Sandra biss sich kurz auf die Unterlippe. «Ich bin ein Schaustellerkind, und das bleibe ich auch.»

«Das stimmt allerdings.»

Ihre Mutter versuchte ein Schluchzen zu unterdrücken, aber Sandra bekam es natürlich trotzdem mit. «Mamu?»

«Alles gut, meine Sandra.»

«Ihr seid jetzt sicher versorgt.»

«Wirklich? Papu hatte schon überlegt, ob er nicht selber wieder einsteigt.»

«Mit Mitte siebzig und seinem kaputten Knie, das wäre es noch gewesen! Nein, Tim hat mir eine Reise durch die Schweiz organisiert, das ist ein toller Start.»

«Toi-toi-toi, meine Kleine.»

«Danke, Mamu.»

«Tschüs.»

Sandra legte auf. Ihre Mutter mochte keine langen Telefonate, das wusste sie.

Heute würde für ihre Eltern ein neues Zeitalter beginnen. Sie mussten sich nun keine Sorgen mehr um ihren Lebensabend machen. Und das war gut.

30.

Der Jahrmarkt auf der Nachbarinsel hatte sieben Tage gedauert, jetzt fuhr Sandra wieder zurück, um ihre Sachen zu packen. Die vergangene Woche war eine aufregende Reise in ihre Kindheit und Jugendzeit gewesen, eine Welt, die sie auf der Insel fast vergessen hatte. Es war nicht ihr Traum, dorthin zurückzukehren, in gewisser Weise war es sogar ein Rückschritt. Aber so war es nun mal. Sie würde noch ein paar Tage bleiben und dann in die Schweiz fahren, um den Autoscooter zu übernehmen. Es gab wirklich Schlimmeres.

Sie hatte Spaß gehabt, das konnte sie nicht leugnen, sowohl mit den anderen Schaustellern als auch mit den Gästen. Außerdem verstand sie etwas vom Geschäft, sie verdiente Geld und kam ohne Buchstaben und Wörter bestens zurecht. Das Wichtigste war aber: Mamu und Papu konnten weiter von den Einnahmen aus dem Autoscooter leben.

Es ist alles richtig so, hämmerte sie sich immer wieder ein.

Der Himmel war bedeckt, ein knatternder Wind wehte durch ihre Haare, anthrazitfarbene Wellen hüpften unternehmungslustig auf und ab. Als Gerkes Haus auf der Backbordseite in Sicht kam, freute sie sich sehr darauf, noch ein paar Tage hier zu sein. Ihre Wohnung war zwar klein, aber größer als jeder Wohnwagen, so etwas hatte sie vorher nicht gekannt. Auch war ihr Vermieter immer freundlich zu ihr gewesen, es hatte nie Stress gegeben.

Die Fähre kämpfte sich weiter durch die Wellen, die jetzt doch höherschlugen. Die Promenade am Südstrand kam in Sicht, auf Gretas kleine Inselbuchhandlung fiel etwas Sonnenlicht. Sandra machte mit ihrem Handy ein Foto und schickte es Greta. Sie waren wirklich blöde auseinandergegangen, was nicht an Greta gelegen hatte. Vielleicht wollte sie gar nichts mehr von ihr wissen. Doch innerhalb einer Minute kamen drei Sonnen zurück. Sandra war erleichtert.

Sie nahm sich vor, die letzten Tage auf ihrer Insel dafür zu nutzen, um allen tschüs zu sagen. Sie war überall stets offen und herzlich aufgenommen worden, dafür war sie dankbar. Woanders hätten die Leute komisch geguckt, wenn sich eine Putzfrau in einen Lesekreis getraut hätte. Auf der Insel war das überhaupt kein Thema gewesen, und das hatte ihr gutgetan.

Sie schaute auf die Altstadt hinter dem Hafen. In wenigen Minuten würden sie anlegen. Die Insel war der einzige Ort, an dem sie länger gelebt hatte. Und es blieb für sie der beste Platz, den sie sich vorstellen konnte. Dort wohnte auch der Mann, mit dem sie gerne zusammenleben wollte. Aber es blieb dabei: Sie war einfach nicht zum Siegen geboren.

In ihrer Wohnung angekommen, setzte sie sich aufs Bett und blickte auf die Hügel im Garten, die sich der Sonne entgegenstreckten. In der Hand hielt sie das Mikro für ihren Laptop, den Text hatte sie im Kopf. Ganz langsam diktierte sie ihn.

Moin, Björn,

vielleicht wirkt mein Rückzug seltsam. Aber ich kann nicht anders, meine Familie braucht mich. Lieber hätte ich dich weiter getroffen. Ich denke an dich, auch wenn ich weg bin.

Deine Sandra

Sie wusste, dass dies bei weitem nicht das ausdrückte, was sie fühlte. Sie nahm erneut das Mikro und diktierte noch einen Zusatz:

Ellen meint übrigens, meine «Farben der Insel» und deine Geschichte übers Watt passen gut zusammen. Sie hat recht, finde ich.

Diese Zeilen schickte sie an Björns Mailadresse. Dann wartete sie ein paar Stunden neben dem Laptop auf eine Antwort. Aber es kam nichts zurück. Was natürlich daran liegen konnte, dass Björn in der Wildnis kein Netz hatte. Oder aber er wollte nicht reagieren.

Es klopfte an der Tür, und Gerke trat ein.

«Kommen Sie, wir trinken einen Tee zusammen», sagte er. «Ich habe auch Kuchen besorgt.»

Das war nett von ihm, aber nicht gerade das, wonach sie sich in diesem Moment sehnte. Sie wollte am liebsten alleine sein und ihren Gedanken nachhängen. Aber sie kam dann doch mit auf seine Terrasse.

«Wollen Sie mich wirklich verlassen, Frau Malien?» Er goss ihr Tee ein.

«Ich muss.»

«Kann ich das irgendwie verhindern?»

«Ich werde den Autoscooter meiner Eltern übernehmen. Das macht sonst niemand. Sie brauchen mich.»

«Von Ihrem familiären Hintergrund haben Sie nie etwas erzählt. Sie machen sich als Unternehmerin bestimmt hervorragend, davon bin ich überzeugt. Allein wie Sie das mit Herrn Hansen hinbekommen haben: Sie haben ein Händchen dafür!»

Eike, der Gärtner, und seine Verwüstungsaktion – das lag für sie gefühlt Jahre zurück.

Sie lächelte. «Meinen Sie? Vielen Dank.»

«Aber auch sonst fand ich es immer mehr als angenehm, dass Sie hier gewohnt haben.»

Es klang fast wie eine Liebeserklärung. Erstaunlich, sie hatte nie so richtig gewusst, was er über sie dachte. Schade, dass die meisten Leute nette Dinge immer nur zum Abschied sagten.

«Es gibt nur eine Sache, die ich Ihnen schwer übelnehme.»

«Was denn?», fragte Sandra.

«Dass Sie so verdammt gut schreiben, hätte ich wissen müssen.»

Sie winkte ab. «Ach, das ist nur für mich.»

«Unglaublich. Ich überlege, die Geschichte in einem Band mit Kurzgeschichten über das Meer zu veröffentlichen.»

Sandra kam sich vor wie eine Trickbetrügerin, obwohl

sie diese Geschichte ja nun wirklich selber geschrieben hatte. Wenn auch mit einigen technischen Hilfsmitteln …

«Nun übertreiben Sie mal nicht.»

«Ich bin seit vierzig Jahren Verleger», schnaubte er. «Wollen Sie mir meine Kompetenz absprechen?»

«Ich weiß, Sie haben Jonathan Brown entdeckt und viele andere», sagte sie, um ihn zu beruhigen.

«Das will ich wohl meinen!»

«Aber danke, dass Sie meine Geschichte zu schätzen wissen.»

Kurze Zeit später verabschiedete sich Sandra und huschte zurück in ihre kleine Wohnung.

Dort fing sie langsam und umständlich an, ihre Sachen zusammenzupacken. Sie war nur mit einem Koffer auf die Insel gekommen, im Lauf der Jahre hatte sich ihr Besitz etwas vermehrt. Allein für ihre geliebten Hörbuch-CDs brauchte sie jetzt drei große Umzugskartons. Das Wichtigste blieb aber der Laptop mit dem Spracherkennungsprogramm. Auch wenn sie den Kurs bei Greta notgedrungen abgebrochen hatte, so ganz aufgeben wollte sie das Lesen und Schreiben dann doch nicht.

31.

Als Sandra die kleine Inselbuchhandlung betrat, entschuldigte sie sich erst mal bei Greta für ihr schroffes Auftreten bei ihrem letzten Treffen. Greta winkte ab. Sie hatte Verständnis dafür, dass Sandra angespannt gewesen war, und umarmte sie herzlich. Dann ging Sandra zu den anderen aus dem Lesekreis. Ellen, Franziska, Andrea und Jan juchzten laut auf, als sie um die Ecke bog. Sie waren alle so nett, dass Sandra nicht wusste, wie sie den Abschied jemals hinbekommen würde.

Aber so weit waren sie ja noch nicht, erst einmal stand die Lesung an. Die anderen freuten sich, dass sie auf jeden Fall dabei war. Es hätte wohl eine Kettenreaktion im Lesekreis ausgelöst, wenn sie abgesagt hätte. Trotzdem war Sandra unsicher, was das werden würde. Der Tag stand ihr bevor wie eine Operation im Krankenhaus.

Die anderen brachten sie auf den neusten Stand: Gerke hatte sich großzügig bereit erklärt, die Werbung für die Lesung zu finanzieren. Nachdem die Druckerei die Plakate geliefert hatte, gab Franziska Vollgas. Das erste Plakat, das sie anbrachte, klebte sie an die Werbewand gegenüber der Einfahrt von Gerkes Haus: «Die Insel liest – am 25.8. um 16:00 Uhr in der Kurmuschel. Geschichten aus dem

Wattenmeer. Von Insulanern.» Auf der Ankündigung waren Porträtfotos von Jan im Fischerhemd, Ellen in blauer Bluse, Andrea mit weißem Kittel, Franziska mit hellgrüner Bluse und Perlenkette und Sandra, braun gebrannt und mit türkisfarbenem T-Shirt, abgebildet. Immerhin, sie wurde nicht in Putzkleidung gezeigt. Der Einzige, der fehlte, war Björn. Er hatte wegen seines Urlaubs abgesagt und blieb dabei, trotz des Protests der anderen.

Franziska setzte auf der Insel eine Werbeaktion in Gang, der man sich nicht entziehen konnte. Die Plakate hingen innerhalb von drei Tagen wirklich überall: an den Eingangstüren der Bäckerei und von Godbersens Fischgeschäft, an Bäumen, Laternenpfählen und Hauswänden, an der Flutmauer auf der Promenade. Selbst der DLRG-Turm am Strand war vor Franziskas Klebewut nicht sicher. Immerhin hatte Franziska sich breitschlagen lassen, bei der Lesung auch eine Geschichte vorzutragen, das rechnete Sandra ihr hoch an. Sie hatte sich schwergetan, aber nachdem Sandra sich selbst hatte überreden lassen, konnte auch Franziska nicht mehr zurück.

An Jans Krabbenkutter bildete sich nun regelmäßig ein Pulk von Feriengästen, die ihn ausfragten. Und zwar nicht über seine Tätigkeit als Fischer, sondern als Autor. Jan wusste gar nicht, was er antworten sollte. Arzthelferin Andrea wurde ebenfalls von ihren Patienten angesprochen. Und auch die anderen waren vor keinem sicher, der auf der Promenade spazieren ging und sie von den Plakaten erkannte.

«Ah, die Deerns aus dem Wattenmeer.»

«Seid ihr die Schriftstellerinnen?»

«Kommt ihr auch ins Fernsehen?»

Ellen wurde tatsächlich nach einem Autogramm gefragt, während sie im Dienst war. Sie wehrte das barsch mit den Worten ab: «Eine Unterschrift von mir kriegst du nur, wenn du falsch parkst – auf deinem Strafzettel.»

Kurz nach Ladenöffnung ließ Sandra sich vor der kleinen Inselbuchhandlung in Gretas Strandkorb fallen.

«Es ist unglaublich, was Franziska für einen Wirbel veranstaltet», seufzte sie.

«Sie übertrifft mit ihrem Aktionismus sogar mich, als ich damals die Buchhandlung hier eröffnet habe.» Greta lächelte. «Und ich war schon penetrant.»

«Ich weiß gar nicht, ob mir das alles so recht ist.»

«Wieso?»

«Langsam wird die Lesung zum Großereignis. Die Leute werden enttäuscht sein, wir sind ja nur Laien.»

Sandra hatte Greta ihre Geschichte zum Lesen gegeben, nach Franziska und Gerke war sie damit die dritte.

«Du musst dich wirklich nicht verstecken, Sandra.»

«Es ist nett, dass du das sagst, aber …»

«Mit nett hat das nichts zu tun. Deine Geschichte hat mich berührt, und das schafft sonst niemand so schnell.»

«Na, dein Wort in Gottes Ohr.»

Da war er wieder, der alte Spruch ihrer Mutter. Wenn Mamu und Papu wüssten, was sie hier veranstaltete, würden sie sich wundern. Sie hatte zwischendurch sogar überlegt, sie einzuladen, aber das hätte sie noch nervöser gemacht.

«Franziska hat großes Glück mit der Presse», sagte Greta. «Ich kenne drei hochkarätige Journalisten, die nach der geplanten Lesung mit Brown ihren Urlaub auf der Insel gebucht haben. Die werden auf jeden Fall kommen.»

«Statt einen Autor von Welt bekommen sie uns. Können wir da nicht nur verlieren?»

«Präsentiert euch einfach als das, was ihr seid: Putzfrau, Polizistin, Krabbenfischer, Arzthelferin. Das wird sie überzeugen.»

«Brown will uns ein Grußwort schreiben.»

Greta schien beeindruckt. «Na siehste, da schließt sich doch der Kreis.»

Nachdem sie sich von Greta verabschiedet hatte, ging sie am Strand entlang in ihre Wohnung zurück. Gerke saß mit Besuch auf der Terrasse und winkte ihr von weitem zu, als er sie kommen sah.

Sandra winkte zurück – und schaute instinktiv genauer hin. Das konnte nicht wahr sein: Auf der Terrasse saßen ihre Eltern! Mamu hatte ein geblümtes Sommerkleid an, Papu trug eine kurze graue Hose und ein Poloshirt sowie eine knallrote Basecap mit Ferrari-Emblem.

«Was macht ihr denn hier?», rief Sandra und lief auf sie zu.

Sie fielen ihrer Tochter in die Arme, Gerke lächelte fröhlich und rief: «Überraschung!»

«Wenn wir schon eine so berühmte Tochter haben, wollen wir doch wenigstens bei ihrem Auftritt dabei sein», sagte Mamu. Ihre Augen funkelten.

«Na, berühmt ja nun nicht gerade», meinte Sandra.

«Überall hängt dein Foto!», sagte Papu. «Herr Gerke

hat uns erzählt, dass du eine tolle Geschichte geschrieben hast.» Seine Augen leuchteten ebenfalls.

«Das ist übertrieben.»

«Nein», widersprach Gerke. «Das ist *unter*trieben.»

«Seid ihr extra deswegen den ganzen Weg hier hochgekommen?», wandte Sandra sich an ihre Eltern. Von der Eifel bis zur Insel war es eine kleine Weltreise. «Woher wisst ihr überhaupt davon?»

«Tim hat es im Internet entdeckt und uns angerufen.»

Im Internet? *Oh Gott*, dachte Sandra. Franziska hatte wirklich alle Register gezogen.

«Erwartet bitte nicht zu viel.»

«Ich hätte nie gedacht, dass du schreiben kannst», bekannte Papu. Sandra wusste, dass es als Kompliment gemeint war. Dass und wie man eine Geschichte schrieb, befand sich außerhalb seiner Vorstellungskraft.

«Wo wohnt ihr denn?», fragte Sandra.

Papu rieb sich das Kinn. «Das ist noch offen. Es ist ja Hauptsaison, und wir haben noch nichts gefunden. Damit hatten wir nicht gerechnet.»

«Wieso habt ihr euch nicht vorher gemeldet?»

«Es sollte eine Überraschung sein …»

«Na, die ist euch gelungen!»

Papu senkte den Blick. «Bei dir ist es wohl zu eng, oder?»

«Irgendwie wird es gehen. Dann schlafe ich eben auf dem Teppich.»

In der Hauptsaison war auf der Insel wirklich jedes Bett belegt.

«Unsinn», rief Gerke. «Ich habe genug Platz. Sie schlafen bei mir!»

Ihre Eltern warfen sich einen kurzen Blick zu: Konnten sie das annehmen?

«Das ist nett, muss aber nicht sein», erklärte Sandra.

«Keine Widerrede», raunzte Gerke sie freundlich an und wandte sich an ihre Eltern. «Ich zeige Ihnen Ihr Zimmer, wenn es recht ist.»

Ihre Eltern zuckten verlegen mit den Achseln. Mit Sicherheit waren sie in ihrem Leben noch nie so nobel untergebracht worden: Eine Reetdachvilla mit Meerblick kannten sie höchstens aus dem Fernsehen.

«Danke», sagte Sandra leise zu Gerke.

Als die drei den Garten verließen, musste Sandra erst mal zu sich kommen. Plötzlich war ihr das alles zu viel, die Veranstaltung blähte sich auf wie ein Luftballon. Eine winzige Nadel genügte, damit die Zuhörer erkannten, dass alles nur heiße Luft gewesen war. Sie war keine Schriftstellerin, sondern eine Putzfrau, die eine einzige Geschichte auswendig gelernt hatte. Mehr steckte bei ihr nicht dahinter!

Da kam eine SMS von Franziska:

In einer halben Stunde gibt es eine kleine improvisierte Pressekonferenz in Gerkes Villa. Bis gleich.

Sandra wäre am liebsten im Erdboden versunken. Was sollte sie bitte schön auf einer Pressekonferenz? Und woher nahm Franziska eigentlich den ganzen Mut? Sie hatte doch selber ihre Ängste vor dem Auftritt. Davon war nichts mehr zu spüren. Aber Sandra kam aus der Nummer nicht mehr raus. Mamu und Papu waren extra wegen der Lesung angereist. Was sie unglaublich rührend fand. Sie durfte sie nicht enttäuschen.

Drei Reporter stapften mit Franziska über die Hügel im Garten, rauf und runter. Hinter ihnen lag das Meer wie ein riesiger Spiegel. Einer der Journalisten trug eine klobige schwarze Brille, den kannte sie, das war Brockstedt vom Inselkurier. Die anderen waren eine Frau vom Hamburger Abendblatt, die auf der Insel ein kleines Wochenendhaus besaß, und ein riesengroßer Typ in Jeans und Jackett, der erklärte, von der Deutschen Presseagentur zu sein. Er begrüßte Gerke und ihre Eltern, dann zückte er eine Kamera und fotografierte sie. Kurze Zeit später rauschten Ellen, Jan und Andrea im Polizeiwagen mit Blaulicht heran. Andrea hatte sich extra frei genommen. Sie umarmte Sandra so fest, dass es ihr vorkam, als drohte sie zu ertrinken.

«Ich habe es kaum auf die Reihe gekriegt, mich zu schminken», flüsterte Andrea ihr ins Ohr.

«Von welcher Zeitung ist das Paar dahinten?», erkundigte sich Ellen nervös.

«Das sind meine Eltern», sagte Sandra und musste grinsen, als sie Erstaunen und Erleichterung auf den Gesichtern der anderen sah.

Ellen und Andrea gingen zu Mamu und Papu, um sie zu begrüßen. Gerke holte ein paar Stühle und ein Tablett mit Getränken von drinnen, Franziska und Sandra halfen beim Tischdecken.

Dann setzten sich alle um den Terrassentisch.

Sandra fragte sich, was nun passieren würde. Am liebsten würde sie einfach die anderen reden lassen, aber die schienen genauso nervös. Zum Glück waren die Journalisten viel lockerer, als sie gedacht hatte, es wurde gescherzt und gelacht. Mamu und Papu hockten wie staunende

Zaungäste am Tisch und beobachteten neugierig das Geschehen.

«Herr Gerke hat uns erzählt, dass Jonathan Brown ein Grußwort für Sie schreibt. Das ist außergewöhnlich. Haben Sie Brown jemals kennengelernt?», wurde Sandra von der Abendblatt-Reporterin gefragt. Was sollte sie darauf antworten? Sie hatte nicht mal seine Bücher gelesen. *Sie konnte fast gar nicht lesen!*

«Indirekt, durch Herrn Gerke.»

«Aber Jonathan Brown unterstützt Sie persönlich?»

«Ja, das kann man so sagen», sprang Gerke ein. Dabei hatte Brown keine Ahnung, wovon ihre Geschichten handelten. Keiner im Lesekreis wollte sie vorher rausrücken.

«Und vorher waren Sie als Putzfrau auf der Fähre tätig?»

Sandra nickte. «Ich bin es immer noch. Aber bald breche ich auf der Insel die Zelte ab und gehe dahin zurück, wo ich herkomme: auf den Jahrmarkt. Dort übernehme ich den Autoscooter meines Vaters.» Sie wusste auch nicht, woher sie plötzlich das Selbstbewusstsein nahm, so offen über ihre Geschichte zu sprechen.

«Sie sind Schaustellerin?» Der Mann von der Presseagentur war total begeistert.

«Ja.»

Nun bestürmten die Journalisten sie mit unzähligen Fragen. Sie geriet ins Schwitzen, antwortete aber auch auf die abseitigsten Fragen zum Thema Kirmes mit großer Geduld. Zum Glück kamen irgendwann die anderen dran. Ein schreibender Krabbenfischer, das gefiel den Journalisten ebenso, auch wenn der wortkarge Jan so knapp wie nur irgend möglich antwortete. Ohne Druck von Ellen wäre er hier nie erschienen. Andrea plauderte ganz locker über ihre medialen Vorbilder, die alle aus Filmen stammten: Sissi, Pretty Woman.

Spätestens als es dann ums Wattenmeer und um die Insel ging, hatte jeder von ihnen eine Menge zu erzählen. Und zwar so viel, dass sie sich gegenseitig andauernd ins Wort fielen. Als die Journalisten sich zum Gehen erhoben, waren mehr als eineinhalb Stunden vergangen.

Sandra atmete auf: geschafft! Aber dann fiel ihr ein, dass das ja nur das Vorgeplänkel gewesen war und das Schlimmste noch kam: Morgen musste sie die Lesung hinter sich bringen.

32.

Die Kulisse war ein Traum. Die Kurmuschel stand direkt am Meer, etwas dahinter breitete sich die Hallig Langeness aus. Die Sonne schien vom sattblauen Himmel, dazu ließ ein starker Wind die unzähligen bunten Wimpel und Fahnen flattern, die Bürgermeister Godbersen überall hatte aufziehen lassen.

Die ersten Zuhörer versammelten sich schon am frühen Nachmittag vor der Kurmuschel. Hinter der Bühne lief die Flut auf, die Meeresoberfläche leuchtete in der Sonne. Sonst spielte hier immer eine siebenköpfige Unterhaltungskapelle aus der Ukraine. Nun standen auf der großen Bühne nur ein Stuhl und ein Tisch, daneben war ein Mikrophon an einem Ständer befestigt. Es war viel zu geräumig für nur einen einzelnen Vortragenden, fand nicht nur Sandra. Auch die anderen erschraken, als sie sahen, wo sie lesen sollten.

Gerke hingegen war begeistert. Er trug einen hellen Tropenanzug mit weißem Hemd und roter Fliege. «Der schönste Vorleseplatz der Welt», schwärmte er. «Während man die Geschichte hört, schaut man direkt aufs Meer.»

Franziska stand in ihrem knielangen lavendelfarbenen Sommerkleid neben ihm und lächelte zustimmend. Dass sie Werbereferentin in Gerkes Verlag werden würde, war bereits mündlich vereinbart. Sandra versicherte ihr, dass man sich auf Gerkes Wort verlassen konnte.

Die Mitglieder des Lesekreises standen hinter der Bühne eng zusammen wie eine Herde Tiere, die sich vor Unwetter schützen wollte. Sandra war noch viel mulmiger zumute, als sie es sich in ihren schlimmsten Träumen ausgemalt hatte. Die anderen konnten sich an ihrem Text festhalten, sie hingegen tanzte als Einzige freihändig auf dem Seil, ohne Absicherung.

Neben ihr stand Ellen in Jeans und der kurzärmeligen dunkelblauen Bluse vom Plakat, was ihr hervorragend stand. Sie biss sich aus Nervosität fortwährend auf die Lippe.

Andrea trug Rot: ihr Kleid, der dick aufgetragene Lippenstift, sogar die Ohrringe – alles in genau demselben Rotton. Sie war so fröhlich und unbekümmert, dass Sandra nicht sicher war, ob sie wirklich wusste, was gleich auf sie zukam. Hatte sie vielleicht Medikamente genommen?

Jan wirkte so angespannt, als wenn ihn gleich die größte Sturmflut seines Lebens erwartete. Er war ein kräftiger Kerl mit einem breiten Kreuz, aber seine Finger zitterten wie Schilfhalme im Wind.

Vorsichtig linste Sandra zum Publikum. Die Promenade vor der Kurmuschel war jetzt schon überfüllt. Die Gäste waren überwiegend Urlauber, alle leger gekleidet, einige in Badehose, viele barfuß. Mittendrin entdeckte sie Mamu und Papu, die sich als Einzige schick angezogen hatten: Papu trug ein weißes Hemd mit dunkelgrünem Schlips und eine Anzughose, Mamu ihr bestes Kleid. Sie sahen nervös aus und fächerten sich mit dem Programmheft Luft zu. Die blinde Keike war gekommen, Greta mit ihrem Florian, Bürgermeister Godbersen und viele andere, die sie im Lauf der letzten Jahre auf der Insel kennengelernt hatte. Auch die Balkone der umliegenden Häuser waren alle dicht besetzt. In der ersten Reihe saßen nebeneinander die Reporterin vom Hamburger Abendblatt, Brockstedt vom Inselkurier und der lange Kerl von der Deutschen Presseagentur.

Um Punkt vier marschierte der Spielmannszug der Freiwilligen Feuerwehr Midlum mit lautem Getöse die Promenade herunter: Trommeln, Blechbläser, helle Querflöten und Glockenspiele, dazu scheppernde Schellen. Sie spielten «Don't cry for me Argentina». Sandra sah erstaunt, dass Eike die Truppe anführte. Er ging mit einem langen Stab, mit dem er den Rhythmus vorgab, vorweg. Es war nicht Sandras Musik, aber sie hörte sich fröhlich an und passte irgendwie auf die Insel. Schließlich bezog der Spielmannszug Stellung vor der Bühne. Nach dem Schlusstakt gab es freundlichen Applaus.

Jetzt lief Gerke mit federnden Schritten auf die Bühne und schnappte sich das Mikro vom Ständer. Sein Tropenanzug saß perfekt.

«Moin, Moin, all tosom!», rief er auf Platt und strahlte in die Menge. Er hatte die Leute sofort auf seiner Seite. Gerke war eben Profi.

«Ich freue mich, dass Sie so zahlreich erschienen sind. Vor einigen Wochen sind ein paar Insulaner ins Watt gegangen und haben aufgeschrieben, was sie gesehen haben. Entstanden sind phantasievolle Geschichten, die wir gleich hören werden. Bevor ich den ersten Vortragenden auf die Bühne bitte, möchte ich Ihnen ein Grußwort von Jonathan Brown vorlesen, das er extra für diese Veranstaltung geschrieben hat: ‹Liebe Freunde der Insel, niemand wird als Autor geboren. Man fängt einfach irgendwann an, weil es einen dazu treibt. Genau hier beginnt es, mit den Farben der Insel. Ich gratuliere Sandra Malien, Ellen Rönsted, Jan Petersen, Andrea Schulze und Franziska Heitmann zu ihrer ersten öffentlichen Lesung und wünsche ihnen viel Erfolg. Mit Hochachtung, euer Kollege Jonathan Brown›.»

Großer Applaus.

Brown ist verrückt, aber auch nett, dachte Sandra in diesem Moment. Warum er nicht auf die Insel gekommen war, wusste niemand.

Gerke bat nun Jan auf die Bühne und begab sich dann ins Publikum. Jan gab sich einen Ruck und schlurfte zum Folterstuhl vor den Zuschauern. Er setzte sich, räusperte sich und nahm einen großen Schluck Wasser. Er stockte einen Moment. Die Spannung im Publikum stieg spürbar, Sandra hielt die Luft an. Dann begann Jan, seine Reise mit dem Kutter nach New York vorzulesen. Sein Vortrag wirkte kantig und eckig, er war eben Krabbenfischer und kein Schöngeist. Sein «Defizit» wurde zu seinem Riesenvorteil – er wirkte total authentisch. Dafür erhielt er riesigen Applaus, der ihm fast unangenehm zu sein schien.

Es folgte Andrea, deren Gesicht nun auch noch eine rote Farbe annahm. Dass man ihr die Aufregung so stark ansah, rührte die Zuhörer. Wem würde es auf einer Bühne nicht genauso gehen? Ihr erster Satz war ein lächelnd vorgetragenes Bekenntnis: «Ich sage es gleich mal vorweg: Ich liebe Kitsch jeder Art, und dazu stehe ich auch.» Dafür gab es spontanen Beifall. Ihrem schüchternen Lächeln konnte niemand widerstehen, ebenso wenig dem Charme ihrer Geschichte, die sie mit viel Humor unterlegt hatte. Beim Happy End legte der Bräutigam seiner Zukünftigen eine Rosenspur ins Watt, die von einer Insel zur anderen führte. Die Zuhörer seufzten, vor allem die Frauen. Auch Andrea bekam rauschenden Beifall.

Ellen trug ihre Verfolgungsjagd im Watt vor, die auch beim zweiten Mal Hören noch spannend war. Es folgte Franziska. Statt eine Geschichte vorzutragen, erläuterte sie sehr witzig, warum sie keine Autorin sei, obwohl sie die Erfordernisse für diesen Beruf bestens erfülle: Sie liebe es, in einem schön eingerichteten Reetdachhaus zu sitzen, aufs Wattenmeer zu schauen und dabei so zu tun, als schreibe sie einen Roman. Außerdem gehe sie wahnsinnig gern als Schriftstellerin auf Partys, um sich dort wichtigzutun. Nur mit dem Schreiben selbst hapere es leider bei ihr, aber das sei ja vielleicht nicht so wichtig. Das Publikum war amüsiert und begeistert.

Sandra saß angespannt auf ihrem Stuhl und beobachtete, um sich abzulenken, eine Möwe, die einen kleinen Fisch im Schnabel hatte. Im Hintergrund die vertrauten Stimmen auf der Bühne. Gedankenverloren ließ sie den Blick durchs Publikum schweifen. Sie musste an Björn denken. Es war so falsch, dass er heute nicht hier war. Ohne ihn war der Tag nicht komplett. Sie wusste, dass seine Abwesenheit mit ihr zu tun hatte. Hätte sie sich doch anders verhalten! Hätte sie von Anfang an mit offenen

Karten gespielt, anstatt ihm viel zu spät eine Mail hinterherzuschicken, die aber alles andere als eine Erklärung für ihr Verhalten war und die er davon abgesehen vermutlich sowieso nicht lesen würde. Die Wahrheit, nämlich was ihr größtes Problem war, stand darin auch nicht. Aber all das war jetzt müßig. Sie hatte nicht anders gekonnt, und das lag vor allem daran, dass …

Plötzlich sah sie ihn. Mitten unter den Leuten, auf einem Stuhl in der vorletzten Reihe. Konnte das sein? Braun gebrannt mit Cargohose und Anglerweste. Er sah toll aus, obwohl sie Anglerwesten eigentlich überhaupt nicht mochte. Wo kam er plötzlich her? Hatte er ihre Nachricht doch noch erhalten? Was wollte er hier? Er brachte sie so durcheinander, dass in ihrem Kopf plötzlich völlige Leere herrschte. Und genau in dem Moment wurde sie auf die Bühne gerufen. Hunderte Augen starrten sie erwartungsvoll an. Sie hatte sich selten derart allein gefühlt, obwohl sie umgeben war von so vielen Menschen.

Sie räusperte sich. «Moin, ich bin Sandra Malien. Ich habe eine Geschichte geschrieben, die ich ‹Farben der Insel› genannt habe.»

Papus und Mamus Augen flackerten, als stünden sie selbst auf der Bühne. Diesen Gesichtsausdruck kannte Sandra nur, wenn es totalen Stromausfall im Autoscooter gegeben hatte. Greta lächelte aufmunternd, ihr Mann Florian auch, ebenso die blinde Keike und Bürgermeister Godbersen. Alle anderen warteten erst mal ab, was da kam. Die würde sie erobern müssen.

«Also ‹Die Farben der Insel›», sagte Sandra noch einmal.

Wie war noch mal der erste Satz? Er war komplett aus

ihrem Hirn gelöscht! Konnte das sein? Es würde als der peinlichste Abend ihres Lebens enden. Sie dankte dem Himmel, dass sie bald hier wegzog.

Dann begann sie, leicht stockend.

Die mächtige gelbe Sonnenscheibe … sinkt immer schneller … zum Meer, jetzt nippt sie bereits … an den Wellenspitzen.

Ab da sah sie im Publikum niemanden mehr, sondern war ganz bei sich.

Der Wind riecht nach Salz und begleitet mich wie ein alter Freund, der warme Schlick unter mir massiert sanft meine nackten Füße …

Der Text sprudelte aus ihr heraus wie ein Fluss an seiner Quelle. Sie vergaß Raum und Zeit. Und irgendwann war sie beim letzten Satz angelangt.

Totenstille im Publikum. Alle schauten stumm an ihr vorbei auf die Farben der Insel hinter dem Pavillon, die Sandra eben mit Worten beschrieben hatte. Nichts regte sich, außer einem leichten Wind. Die Gesichter wirkten wie erstarrt. Mochten die Leute ihre Geschichte nicht? Oder träumten sie?

Ein paar Sekunden später brach ein Applaus los, der wie die Meeresbrandung an der Westseite der Insel klang, und zwar bei Windstärke zehn! Sandra wusste gar nicht, wohin sie blicken sollte. Es hörte überhaupt nicht auf.

33.

Eikes Feuerwehrkapelle spielte auf. Und als wenn das Schicksal sie noch einmal ärgern wollte, schmetterten sie nun ausgerechnet «Hello, Goodbye», den Song, den sie zusammen mit Björn im Watt gesungen hatte. Auf keinen Fall durfte sie ihm jetzt begegnen, das hätte sie nicht überstanden. Denn dann müssten sie offen und ehrlich miteinander reden, und alles über sie käme raus. Das war gerade zu viel für sie.

Sandra stieg von der Bühne und traf sofort auf Gerke. Der umarmte sie das erste Mal in seinem Leben. «Phantastisch, Frau Malien! Glückwunsch!»

Keike umarmte sie ebenfalls herzlich.

Sandra versuchte schnell wegzukommen, denn Björn näherte sich unaufhaltsam.

Papu fing sie ab: «Das war spitze, meine Tochter.»

«Danke, Papu.»

«Und wegen dem Autoscooter …», fing er an.

Dafür hatte Sandra jetzt wirklich keinen Kopf. «Lass uns später darüber reden, Papu.»

Björn kam immer näher.

Papu hielt sie am Arm fest. «Nur ganz kurz: Ich habe eben mit Tim telefoniert, er ist auf dem Weg in die Schweiz.»

«Ich weiß. Ich fahre morgen mit dem Zug hinterher.»

«Nein.»

«Doch.»

«Den Autoscooter haben wir abgegeben.»

Ihr Herz setzte einen Schlag aus. Was hatte er gerade gesagt?

Sie sah ihren Vater fragend an.

«Ich habe ihn an Jarek und Tomasz verpachtet», klärte Papu sie auf, «das sind tolle Jungs. Dass wir da nicht früher drauf gekommen sind! Wir kennen sie seit Jahren und können uns auf sie verlassen. Sie zahlen Mamu und mir die monatliche Rente, alles ist gut.»

«Und ich? Was ist mit mir?»

Ihr Vater sah sehr ernst aus, trotz des Trubels um sie herum. «Du bist nur auf dem Jahrmarkt gelandet, weil du zufällig dort hineingeboren wurdest. Aber du gehörst hierher auf die Insel, deine Geschichte hat das bewiesen.»

Sandra trat einen Schritt auf ihn zu und umarmte ihn. Sie hielt ihn fest, Minuten vergingen. Irgendwann blickte sie auf. Zwischen Björn und ihr standen jetzt nur noch ein halbes Dutzend Menschen. Sie gab ihrem Vater schnell einen Kuss auf die Stirn, hauchte ein «Danke» und rannte los. In die andere Richtung, weg von der Promenade, durch die Straßen der Inselhauptstadt, vorbei am schmalen Rathaus, an Bonbon-Kalle, «Hemd und Höschen». Dort schnappte sie sich ihr Fahrrad und radelte, so schnell sie konnte, in die Marsch.

Auf den Weiden grasten wie immer die schwarzbunten Kühe, unter dem blauen Himmel mit den weißen Schäfchenwolken leuchteten knallgelbe Rapsfelder. Sandra zischte durch die Allee mit den Pappeln. An der alten Holländermühle bog sie ab ins Dünengebiet und raste an Antjes Inselmuseum vorbei. Auf der Terrasse von Claas' Pension Dünenwind rekelten sich ein Dutzend Gäste in der Sonne. Sie stieg auf die große Düne am Meer und ließ sich keuchend in den Sand fallen. Auf der Nordsee vor ihr schob sich die schwanenweiße Fähre zur Nachbarinsel vorbei, dahinter sah sie ein Segelboot mit hohem Mast und buntem Spinnaker, das sich im sanften Wind aufblähte.

Von hier oben war die gesamte Insel einsehbar. In der Ferne lagen die Reetdächer der Altstadt, im Hafen hob Florians Wasserflugzeug gerade ab und zog eine Schleife am Himmel. Auf der Landstraße zur Düne entdeckte sie einen einsamen Radfahrer, der mit hohem Tempo durch die Marsch Richtung Düne raste. Konnte er das sein, der ihr folgte? Oder fing sie jetzt an zu spinnen?

Tatsächlich. Eine gute Viertelstunde später kam Björn keuchend auf die Düne geeilt und ließ sich vor ihr in den Sand fallen.

«Moin.»

«Moin.»

«Wieso fliehst du vor mir?» Er rang immer noch nach Luft.

Sie blickte aufs Meer. «Es ist nicht leicht für mich.»

«Wird es besser, wenn wir nicht miteinander reden?»

«Natürlich nicht.»

Björn sah ihr in die Augen. «Was ist denn bloß passiert?»

«Nichts.»

«Es ist gar nichts passiert zwischen uns? Echt?»

Ihr Herz pochte. «Oder doch?», fragte sie so leise, dass man es kaum hören konnte.

«Bei mir schon.» Er setzte sich neben sie. Die Wellen tanzten auf dem Wasser.

«Ich mache es mir selbst gerade nicht leicht.»

Sandra wusste nicht, was sie jetzt weiter sagen sollte. Oder besser: Sie wusste es schon, traute sich aber nicht.

«Ich kann nur mit dir reden, wenn du es auch willst», sagte er.

«Klar.»

«Okay, deine Gefühle für mich sind anders als meine für dich, das habe ich ja nun kapiert.»

In ihrem Kopf wurde akuter Notalarm ausgelöst. Sie musste jetzt schnell das Richtige tun, um das Missverständnis zu klären, sonst passierte eine Katastrophe. «Nein, so ist es nicht.»

«Sondern?»

«Mann, Björn …» Sie hatte ihr ganzes bisheriges Leben nicht zu ihrem Problem gestanden. Es hatte alles bestimmt und beherrscht, in der Liebe wie im Alltag. Es fiel ihr so schwer, es auszusprechen. Zumal sie wusste: Wenn sie es jetzt sagte, würde Björn sich abwenden.

«Okay. – Du bist nun mal Lehrer …», begann sie und stockte.

«Ja.» Er blickte sie fragend an. «Spricht das gegen mich?»

«Du bringst Grundschulkindern lesen und schreiben bei.»

«Stimmt.»

«Ich sollte mich zu ihnen setzen.» Sie schluckte schwer.

«Ich, äh, also ich kann nämlich nicht richtig lesen und schreiben. Das heißt, ich lerne es gerade bei Greta.»

Nun war es raus.

«Das kann ja sein, so was kann man ja aber jederzeit nachholen. Mich interessiert viel mehr: Was ist mit deinen Gefühlen?»

Hatte Björn verstanden, was sie gerade gesagt hatte?

«Diese Düne ist zwanzig Meter hoch. Wenn du tausend Meter buddelst, findest du meine Gefühle vielleicht. Da unten habe ich sie irgendwo versteckt», sagte sie.

Björn nickte. «Okay, hast du eine Schaufel? Ich möchte sie finden.»

Sie versuchte ein Lächeln. «Hast du mich wirklich verstanden, Björn? Ich bin Analphabetin, und du bist Akademiker. Du willst doch nicht mit einer Doofen zusammen sein! Seien wir realistisch, das kann nicht gutgehen.»

Björn lachte laut auf. «Wenn du wirklich doof wärest, würde ich dir vielleicht sogar recht geben. Aber du bist nicht doof.»

«Doch.»

Er wurde wieder ernst. «Keine Doofe denkt sich eine so wunderbare Geschichte aus.»

«Ich habe sie mit einem PC-Programm diktiert und den Text ausgedruckt.»

Björn ließ sich nicht abwimmeln. «Das hat ja nichts mit dem Inhalt zu tun. – Wie kann es überhaupt sein, dass du nicht lesen und schreiben gelernt hast?»

«Ich bin Schaustellerkind, wir sind viel umgezogen.»

«Und die Farben der Insel? Wie kamen die zustande?»

«Die habe ich auswendig gelernt.»

«Was für eine Wahnsinnsleistung! Es ist meine absolute Lieblingsgeschichte.»

«Die sich eine Analphabetin ausgedacht hat», gab Sandra noch einmal zu bedenken.

«Ich würde eher sagen, eine Autorin mit einer unglaublichen Phantasie und sensiblen Wahrnehmung.»

«Die eine halbe Stunde braucht, um einen Einkaufszettel zu lesen.»

Er zuckte mit den Achseln. «Na, und? Das kann man alles lernen, habe ich eben schon gesagt. Ich fand nur wichtig, dass wir uns gesehen haben.»

Dann küsste er sie einfach.

Sie sanken in die Dünen, die sehr sandig waren. Sie umschlangen sich, streichelten sich, küssten sich wieder. Beide wollten mehr. Jetzt. Aber keiner von beiden hatte eine Decke dabei. Hand in Hand rannten sie über den weichen, warmen Sand, bis sie auf eine kleine Wiese kamen, die von Hagebuttenbüschen perfekt abgeschirmt war.

Wie eine kleine Insel auf der Insel.

Dort rissen sie sich die Kleider vom Leib. Vom Meer zog hin und wieder ein kühler Lufthauch über sie hinweg, die Büsche um sie herum warfen immer tiefere Schatten.

Die Farben der Insel leuchteten im Sonnenuntergang. Sie gingen über ins Blau, das sich im Osten für die Nacht bereithielt. Sandras Lieblingszeit. Die Luft war fast so angenehm wie am Tag, es wurde in der Nacht sogar noch wärmer. Das gab es am Meer nur ein-, zweimal im Jahr. Und heute war einer dieser Tage.

Sie liebten sich so heftig, wie sie noch nie geliebt hatte. Endlich waren sie einander so nahe, wie sie es sich immer ersehnt hatte. Nichts stand zwischen ihnen. Irgendwann war die Sonne nicht mehr zu sehen, nur noch ein schwacher Abglanz leuchtete über dem hellen Sand.

«Ich möchte die Geschichte noch einmal hören, die uns zusammengebracht hat», flüsterte ihr Björn ins Ohr. Sandra lächelte ihn an und küsste ihn auf die Nase. Sie musste den Text nicht aussprechen, sie hatten ihn beide im Ohr.

Farben der Insel
von Sandra Malien

Die mächtige gelbe Sonnenscheibe sinkt immer schneller zum Meer, jetzt nippt sie bereits an den Wellenspitzen. Währenddessen verfärbt sie sich unablässig. Die Sonne ist die Mutter aller Farben, die ohne sie nicht existieren würden. Nun dürfen ihre Kinder ran, die jungen Rottöne. Sie drehen vor dem Schlafen noch einmal richtig auf, wie immer, wenn sie todmüde sind. Ihre karminroten Cousinen von der Insel, die auf Ziegeln und Schornsteinen der reetgedeckten Häuser ein beschauliches Leben führen, können da nur staunen. Angesichts dieses schönen Schauspiels kommt bei ihnen ein bisschen Eifersucht auf. Das windstille Wasser ist ein riesiger Spiegel, der das Lichtspiel noch einmal verstärkt. Alles leuchtet: der Himmel, der Ozean, und mittendrin, wie eine Perle, meine sattgrüne Insel.

Auf dem Festland hält sich der dunkle Himmel wie eine makellose Decke für die Nacht bereit. Sonnenrot und Nachtblau sind wie füreinander geschaffen, unter anderen Umständen wären sie bestimmt ein glückliches Paar geworden und gemeinsam um die Welt gezogen. Es lässt sich aber nicht ändern: Als einziger Treffpunkt bleibt ihnen diese blaue Stunde des Abends, in der sie beieinander sein können, bevor sie in unterschiedliche Richtungen auseinandergetrieben werden.

Als die Sonne im Meer versunken ist, verdunkelt sich das Blau noch einmal. Trotzdem wird die Nacht über der Insel in dieser Jahreszeit nie vollständig schwarz, Richtung Norden schimmert der Abglanz des Mittsommerlichts.

In einigen Inselhäusern gehen jetzt Lichter an.

Ich bin den ganzen Tag draußen in der Sonne gewesen, meine

Haut glüht noch nach. Als ich mich ins Bett lege, spüre ich meinen regelmäßigen Herzschlag und meinen Atem. Ich freue mich auf morgen. Es wird ein besonderer Festtag werden, den es nur ein-, zweimal im Jahr gibt. Bald werde ich in den Schlaf fallen. Wenn ich einen Wunsch frei hätte, würde ich gerne mal sehen, wie sich der Schlaf mit feinem Lächeln zu mir schleicht, um mich zu holen. Bis dahin wird es heute so sein wie immer: Ich werde nicht mitbekommen, wenn er mich nimmt.

Meine Träume sind wild und bunt, das Meer tanzt mit dem Wind, die Wolken kommen dazu, jetzt tanzen sie zu dritt. Erst nimmt sich das Grün die aufgewühlte See, dann übernimmt das Blau, bevor sich Anthrazit und Türkis streiten, wer weitermacht. Die Wolken über ihnen sind weiß wie Hochzeitskleider und tragen dunkle Spitzen am Saum.

Der Morgen beginnt ganz anders als erwartet, Grau in Grau. Wobei das Grau sein schlechtes Image zu Unrecht hat. Wie kaum eine andere Farbe ist es in der Lage, Farben zu veredeln, denn es bietet den besten Kontrast zu ihnen. Alles sieht um diese Tageszeit unberührt aus, der kreideblaue Morgenhimmel und der Strand. Es herrscht Ebbe, das gesamte Meer hat sich auf seine tägliche Reise an einen geheimen Ort gemacht, den keiner kennt.

Ich gehe hinaus und laufe barfuß auf dem ockerfarbenen Meeresboden.

Der Wind riecht nach Salz und begleitet mich wie ein alter Freund, der warme Schlick unter mir massiert meine bloßen Füße. Der Horizont liegt zum Greifen nah und ist dennoch unerreichbar. Die riesige ockerfarbene Wattfläche mit dem Himmel darüber bietet mir Raum für meine Gedanken. Hier hat alles seinen Platz, egal, wie sperrig es ist.

Der wolkenverhangene Himmel und der Meeresboden sind wie eine kühle Kompresse für meine Augen. Das große Fest der Farben soll wohl ein anderes Mal stattfinden. Schade.

Dann wird die Wolkendecke porös und bekommt helle Flecken. Sofort legen sich neue Ockertöne über das Watt. Ich warte einen Moment. Plötzlich erscheint ein mächtiger Riss am Himmel, der sich einen Spaltbreit öffnet. Die pralle Sonne bricht hindurch wie ein Wasserfall und flutet die Welt um mich herum mit ihrem Licht.

Meine Insel leuchtet auf wie ein Smaragd.

Am Himmel zeigt sich nun die Familie der Blautöne, sie sind über mir, vor mir und neben mir. Irgendwann muss ich durch einen Priel mit knietiefem Meerwasser waten, ein reißender eiskalter Strom. Ich steuere auf meinen rot-weiß gestreiften Lieblingsleuchtturm am Strand zu und muss lächeln.

Das große Fest der Farben findet nun doch statt, es sind alle gekommen. Es geht zu wie bei jedem Familientreffen: Das behäbige Grün plaudert mit den lila Tanten, die karminroten Cousinen der Sonnen-Rottöne beäugen kopfschüttelnd das quietschige Gelb, das immer und überall im Mittelpunkt stehen will. Das unbefleckte, reine Weiß staunt mal wieder über das Schwarz. Das eitle Türkis passt nicht zum nörgeligen Braun, das sich immer etwas minderwertig fühlt.

Aber alle gehören zusammen. Und das schon seit jenen Zeiten, an die es keine Erinnerung gibt. Die Familie der Farben war schon lange auf der Erde, bevor Menschen existierten. Trotzdem sind sie heute noch genauso jung, kraftvoll und frisch, als seien sie eben erst erfunden worden. Man kann es nicht fassen, sie altern nicht. Die Farben des Nordens haben sich schon vor Ewigkeiten hier zum Feiern getroffen, als es die Insel noch gar nicht gab. Sie fühlen sich hier einfach am wohlsten. Es liegt an dem besonderen Licht, das es nur hier gibt, es kommt aus dem All und setzt jede Farbe wunderbar in Szene. Ihre Alterslosigkeit bedeutet aber keinesfalls, dass sie nicht eitel wären.

Alles ist in Feststimmung, der Himmel, das Meer, die Häuser, das Gras auf den satten Marschweiden, die Gräben, sogar die Sümpfe. Der Wind spielt die Musik dazu, mal leicht, mal böig, manchmal nimmt er etwas goldfarbenen Sand auf, wirbelt ihn hoch in die Luft und lässt ihn dann ganz fein wieder herunterrieseln. Das schlanke Schilf in den Gräben raschelt dazu, es klingt wie Beifall, die ganze Welt ist Farbe und Musik.

Die karminroten Cousinen erzählen dem Meeresblau die neusten Witze und lachen zusammen, sie verstehen sich prächtig. Wieder mal sind sie sich einig, dass sie sich viel zu selten sehen. Die lila Tanten gehören zum alten Adel, weil sie so selten im Wattenmeer sind, sie sind halt manchmal etwas hochnäsig. Heute lassen sie sich doch zum Walzer mit dem blonden Weizen auf dem Feld ein. Nach dem dritten Stück, das der Wind aufspielt, tanzen sie bei einer leichten Brise eng, und das bereits um die Mittagszeit: Da geht noch was.

Wenn ich die Augen schließe und ganz vorsichtig atme, höre ich das Schmatzen des Dunkelgrüns, den Gesang der Dünen, die Solostimmen der gelben Blumen, das lachende Meeresblau. Unter dem schattigen Blätterdach der Laubbäume ist es ein paar Grad kühler, was einigen sehr entgegenkommt. Ihnen wird es etwas zu warm. Aber der Wind sorgt für Abhilfe, indem er schnell ein paar Wolken vor die Sonne schiebt.

Leider gibt es Streit, wie so oft in Familien. Die blöden, alten Themen, immer wieder werden sie hervorgekramt. Wer mit wem, wer ist die Schönste, wer der Kräftigste? Vollkommen unnötig, aber einer fängt immer an. Erst lästert das Dunkelgrün der Marschweiden hinter vorgehaltener Hand über die Dünen. Denn die sind nicht annähernd so fruchtbar wie das saftige Weideland. Aber wieso werden sie von den Urlaubern auf der Insel so viel mehr geliebt? «Von den Dünen werdet ihr nicht satt», rufen ihnen die Marschwiesen zu und werden giftgrün.

Das Himmelsblau steht auf der Seite der Dünen. Es wird vor Aufregung ganz blass. Die lila Tanten, die eben beim Walzer noch so gejauchzt haben, werden schmallippig und zickig. Keiner mag mehr tanzen. Das Schwarz drückt das fröhliche Hellblau beiseite und breitet sich am Himmel aus, als sei jetzt schon die Nacht angebrochen. Dabei ist erst früher Nachmittag. Die einzige Musik, die jetzt noch gespielt wird, ist grollender Donner.

Daraufhin reisen sie alle ab. Nirgends sieht man mehr ein Rot oder Blau, nur das Grau harrt stoisch aus. Die Liebenden der blauen Stunde kommen heute nicht mehr zusammen, das steht schon mal fest.

Heftige Blitze zucken über die Insel. Ihr elektrisches Weiß leugnet seit Jahrmillionen jede Verwandtschaft mit den anderen, aber seine Familie kann sich bekanntlich niemand aussuchen. Nahezu unbemerkt schleicht sich die Nacht heran. Ich habe das Ende des Tages nicht einmal richtig bemerkt. Es wird heute so düster, dass man das Mittsommerlicht im äußersten Norden nicht erahnen kann. Ich schlafe unruhig.

Und erlebe am nächsten Morgen eine Überraschung: Alles in meinem Zimmer ist gelb! Meine Bettdecke, die eigentlich vorher weiß war, der ehemals braune Stuhl, sogar das Bild vom Wattenmeer, das ich selber mit Braun und Grün gemalt habe.

Es liegt an den gelben Gardinen, die vor meinem Fenster

hängen. Wenn sie von draußen so beleuchtet werden wie gerade, erwartet mich ein praller Sonnentag. Über dem grünblauen Meer wird ein azurblauer Himmel mit Schönwetterwolken zu sehen sein.

Die Familie der Farben hat sich ohne viel Aufhebens wieder versöhnt. Ich vermute, dass die gute alte Mutter Sonne wieder mal für Frieden gesorgt hat. Jetzt feiern sie ihr Fest weiter, und zwar den ganzen Tag. Auch wenn es mal kracht, gehören sie eben doch zusammen: Sie sind und bleiben eine Familie.

Ich öffne die Tür und schreite hinaus ins ewige Blau.